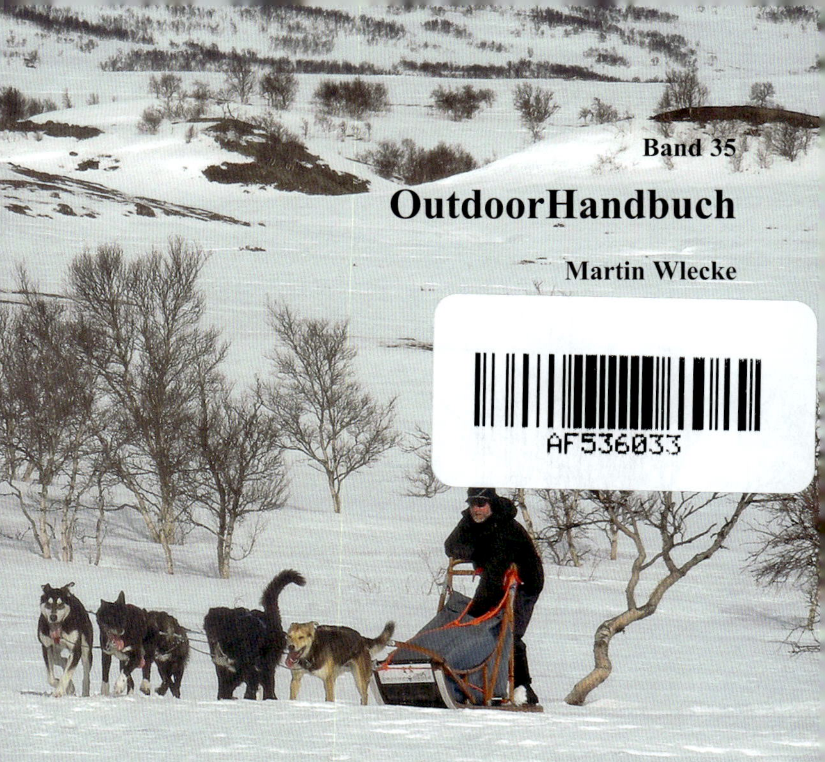

Band 35

OutdoorHandbuch

Martin Wlecke

Hundeschlittenfahren

Mushing für Einsteiger

Hundeschlittenfahren

Der Autor und der Verlag sind für Lesertipps und Verbesserungen (besonders per E-Mail) unter Angabe der Auflagen- und Seitennummer dankbar.

Dieses OutdoorHandbuch hat 128 Seiten mit 45 farbigen Abbildungen und 21 farbigen Illustrationen. Es wurde auf chlorfrei gebleichtem Papier gedruckt, in Deutschland klimaneutral hergestellt und transportiert und wegen der größeren Strapazierfähigkeit mit PUR-Kleber gebunden.

ClimatePartner°
klimaneutral

Druck | ID 10951-1801-1001

Dieses Buch ist im Buchhandel und in Outdoor-Läden erhältlich und kann im Internet oder direkt beim Verlag bestellt werden.

OutdoorHandbuch aus der Reihe „Basiswissen für draußen", Band 35

ISBN 978-3-86686-035-3 4., überarbeitete Auflage 2018

Text: Martin Wlecke
Fotos: Martin Wlecke, Dietrich Bender (db) und andere
Lektorat: Anna-Lena Ebner
Layout: Manuela Dastig
farbige Gestalltung der Illustrationen: Manuela Dastig & Katrin Schifferle

Gesamtherstellung: gutenberg beuys feindruckerei

Dieses OutdoorHandbuch wurde konzipiert und redaktionell erstellt vom:

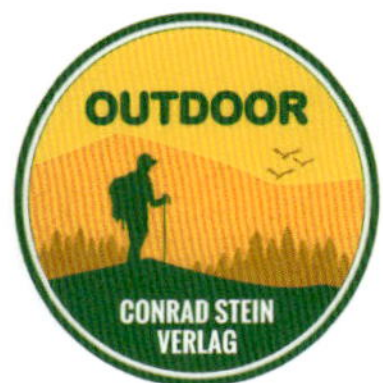

Conrad Stein Verlag GmbH, Kiefernstr. 6, 59514 Welver,
☏ 023 84/96 39 12, FAX 023 84/96 39 13
info@conrad-stein-verlag.de,
www.conrad-stein-verlag.de

Besuchen Sie uns bei Facebook & Instagram:

www.facebook.com/outdoorverlag

www.instagram.com/outdoorverlag

Titelbild: Auf dem Trail (db)
Buchrückseite: Über weite zugefrorene Seen (db)

Inhalt

Einleitung

„Lass mir den Schnee und die Hunde,
alles andere kannst Du haben!"

(angebliches Zitat des Arktisforschers Knud Rasmussen – 1879-1933)

Der Zauber des Nordens mit seiner fast magischen Anziehungskraft sorgt schon seit vielen Jahren dafür, dass es mich regelmäßig in die polaren Regionen zieht. Zu allen Jahreszeiten habe ich diese Länder mit ihrer oft noch so unverbrauchten Natur kennen- und lieben gelernt und dabei immer wieder versucht, die Zivilisation möglichst weit hinter mir zu lassen. Wichtig ist mir der direkte Kontakt zu den Elementen der Natur – besonders im Winter.

Wieso ich mich erst nach so vielen Jahren unter die Huskies gemischt habe, bleibt mir immer noch ein Rätsel. Denn hautnaher als bei einer Hundeschlittentour kann man den nordischen Winter wohl kaum erleben. Aber vielleicht fehlte bis dahin einfach das entsprechende Schlüsselerlebnis.

Dabei hat mich die Welt am nördlichen Polarkreis schon immer interessiert und fasziniert. Bereits in der Jugend waren die Romane von Jack London, aber auch die Berichte der Polarforscher Fridtjof Nansen und Roald Amundsen für mich eine beliebte Lektüre.

Bei einem Flug im Winter 1990 von Kirkenes nach Tromsö – unter uns lagen die endlosen Schneeflächen der nordnorwegischen Finnmark – erwachten erste Träume, diese Wildnis einmal hautnah im Winter zu bereisen. Vielleicht sogar auf einem Rentier- oder Hundeschlitten.

Doch für den ersten Kontakt zum Schlittenhund sorgte dann ein Aufenthalt in Ostgrönland. In der kleinen Siedlung Ammassalik wurde man das Gefühl nicht los, dass dort bedeutend mehr Hunde als Grönländer lebten – besonders wenn der hundertstimmige Chor der Schlittenhunde lautstark sein Lied anstimmte. Ein fast unbeschreibliches Heulen – oder besser Gejaule –, das sich wellenförmig über den ganzen Ort ausbreitete, von den Bergen als Echo reflektierte und so einen richtigen Kanon ergab.

Schaurig, aber schön – dieser Huskygesang!

Im Hotel hing ein Poster an der Wand, auf dem eine zwölfköpfige Hundetruppe – fächerförmig angeschirrt – einen Schlitten über den vereisten Fjord zog. Ein imposanter Anblick, solch eine 6 m breite Front aus dicht aneinandergedrängten, arbeitenden Hundekörpern.

Ein Bild, das Kraft und Stärke ausstrahlte und echte Sehnsüchte erweckte. Einmal selbst an so einem Totalerlebnis aus Teamgeist, Tempo und Polarwinter teilnehmen – das war ab sofort mein Traum! Es musste ja nicht gleich das legendäre Iditarod Race von Anchorage nach Nome sein. Nein – lieber ruhig und sachte mit einem kleinen Huskygespann tagelang durch einsame nordische Winterlandschaften ziehen.

Inzwischen wurde dieser Traum schon mehrfach Wirklichkeit und heute ist der „Hellooooouuuuu…"-Gesang der Huskies für mich fast so etwas wie ein Lockruf der Wildnis!

Hundeschlittenfahrten in den Gebieten nördlich und südlich des Polarkreises werden bei Freunden der nordischen Länder immer beliebter. Extrem hautnah spürt man während solch eines Wintererlebnisses den Zauber des Nordens. Es handelt sich dabei nicht um Hundeschlittenrennen, sondern um Outdoor-Abenteuerreisen, die jeder, der bereit ist, im direkten Kontakt mit der Natur und einer wilden Huskymeute den polaren Winter zu erleben, durchführen kann.

Hundezüchter in vielen Ländern organisieren inzwischen solche Touren, bei denen auch ein Laie den Einstieg in dieses faszinierende Abenteuer findet. Ob sie unter der Bezeichnung **Tour, Safari, Trail, Treck, Dogmushing** oder **Expedition** angeboten werden, gemeint ist immer dasselbe: eine Erlebnisreise der ganz besonderen Art. Fernab der Zivilisation in einer bisher unbekannten Einheit aus Hund, Mensch und Natur eine völlig andere Welt erleben, die einen Hauch von Jack-London-Romantik in einem erweckt.

Dieses Handbuch ist ein Hilfsmittel für Hobbymusher (*Musher:* Hundeführer) oder solche, die es werden möchten. Von den Anforderungen, die an den Teilnehmer gestellt werden, über die gründliche Planung, die richtige Ausrüstung, das Arbeiten mit den Hunden bis hin zur erfolgreichen Durchführung von Touren in den unterschiedlichen Revieren und Schwierigkeitsgraden sollen Tipps und Informationen ein fundamentales Grundwissen schaffen, sodass Sie gut vorbereitet und ohne falsche Vorstellungen „on trail" (auf Strecke) gehen.

Denn es kann nicht nur enttäuschend, sondern sogar gefährlich sein, wenn sich jemand uninformiert einer Tour anschließt, der er dann im Verlauf nicht gewachsen ist. Der polare Winter mit seiner oft brutalen Strenge hat schon so manchen „Möchtegernabenteurer" in die weich gewordenen Knie gezwungen. Wer jedoch nach guter Überlegung und Vorbereitung feststellt: „Winter, Hunde und einsame Wildnis – das könnte meine Welt sein", und sich dann zur Teilnahme an einer Schlittentour entschließt, dem steht ein attraktives Erlebnis mit unvergesslichen Erinnerungen bevor.

Aber auch eines soll gleich am Anfang nicht verschwiegen werden: Hundeschlittenfahrten können süchtig machen und wer einmal vom Huskyfieber befallen ist, wird schnell zum „Wiederholungstäter"!

Dass jemand als Huskybesitzer mit eigenem Gespann in die nordischen Länder reist, um dort längere Wildnistouren zu unternehmen, wird wohl die Ausnahme bleiben, obwohl es schon einige Huskyfarmen gibt, die auch ausländische vierbeinige Gäste aufnehmen. Hohe Transport- und Anreisekosten, aber besonders die teilweise immer noch recht aufwändigen Einreiseformalitäten für Tiere machen solch eine Aktion schnell uninteressant.

Keinesfalls sollten Sie völlig auf eigene Faust mit Hunden ins Ausland reisen, sondern immer einen heimischen Partner suchen. Huskyfarmen oder Trainingscamps bieten ideale Quartiere für die Vierbeiner und helfen auch bei der Tourenplanung. Solch eine Betreuung vor Ort ist unverzichtbar, denn sonst bekommen Sie schnell Probleme, z. B. mit den Rentierbesitzern, deren Herden Sie stören.

Die in diesem OutdoorHandbuch gegebenen Informationen über Hundeschlittenfahrten beziehen sich in der Regel auf Touren, wie sie hauptsächlich in **Skandinavien** und **Nordamerika** stattfinden. Da der Ablauf in **Grönland** ein ganz anderer ist, wird dazu in speziellen Absätzen und Kapiteln Stellung genommen.

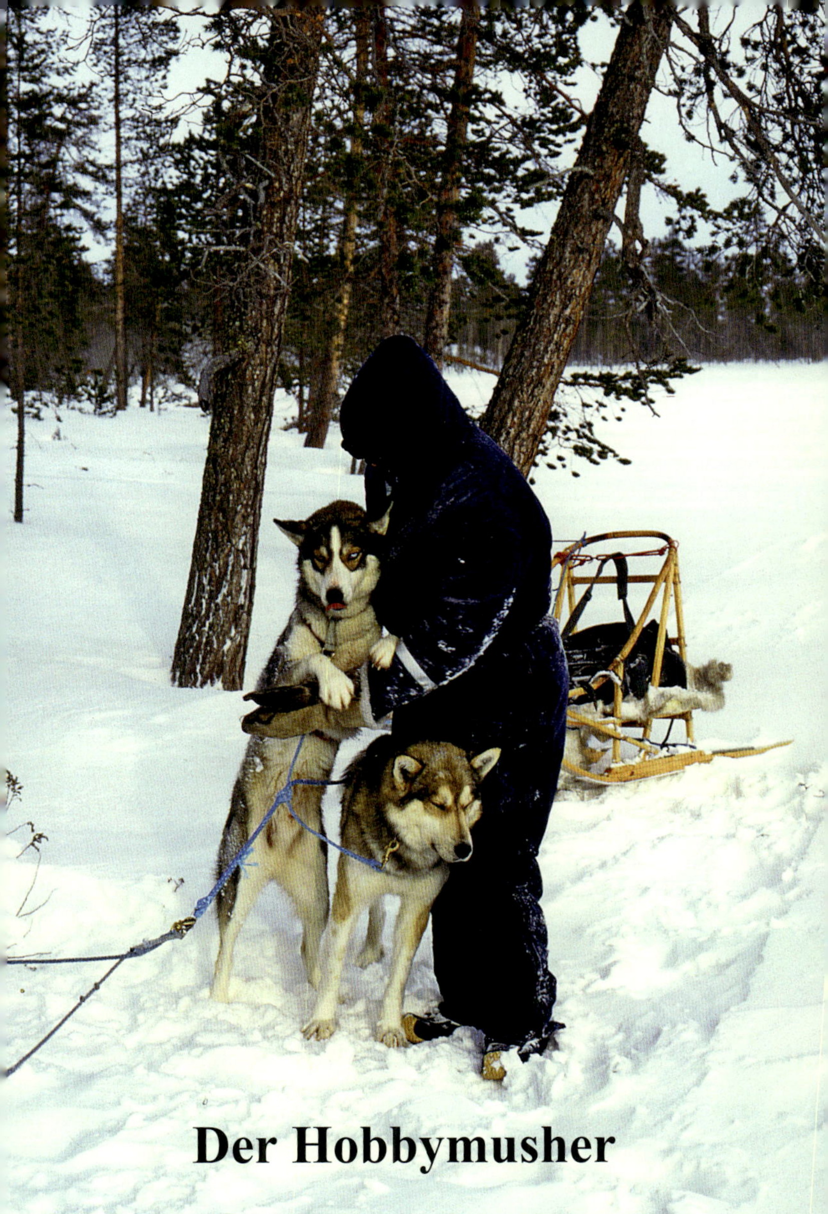

Der Hobbymusher

Glaubt man so mancher Anzeige einzelner Reiseanbieter, so kann offenbar jedermann, der dazu Lust verspürt, problemlos an einer Huskytour teilnehmen. Doch bestimmte Voraussetzungen sollten schon erfüllt werden. Nur Abenteuerlust und Begeisterung allein reichen für solch eine Unternehmung nicht aus. Gute körperliche sowie seelische Kondition, aber auch Teamgeist und eine Portion Tierliebe müssen vorhanden sein, sonst wird so ein Trip schnell zur Enttäuschung oder sogar zum Alptraum.

Körperliche Fitness

Gesundheitliche und körperliche Fitness sind wichtige Voraussetzungen, wenn Sie sich auf ein winterliches Huskyabenteuer einlassen. Stundenlanges Stehen auf den Kufen, mühsames Stapfen durch knietiefen Schnee – oft noch bergauf – oder das Pedalen (Abstoßen mit einem Fuß zur Entlastung der Hunde) können sehr anstrengend und kräftezehrend sein. Nach so mancher „Gipfelerstürmung" hängt dann nicht nur den Hunden die Zunge aus dem Hals.

Für die **Kondition** kann aber bekanntlich etwas getan werden. Also rechtzeitig daheim mit einem intensiven Training beginnen, sich bemühen, dass der Winterspeck erst gar keine Chance bekommt und besonders die Beinmuskulatur stärken. **Radfahren, Jogging, Waldläufe** – möglichst viel bergan – sind dabei ein gutes Programm. Notfalls kann auch der Besuch im Fitnesscenter hilfreich sein.

Was auf den einzelnen Touren vom Körper kräftemäßig verlangt wird, ist natürlich vom jeweiligen Fahrrevier, den Schneeverhältnissen usw. abhängig. In gebirgigem Gelände werden Sie z. B. öfter neben dem Schlitten laufen als auf der ebenen Eisfläche eines Sees. Für einen Einsteiger ist es auch nicht uninteressant, mit welcher Gespanngröße gefahren wird.

Im Gebirge oder wenn die ganze Ausrüstung auf Hundeschlitten transportiert wird – also keine Schneemobilbegleitung vorhanden ist –, ist in der Regel eine größere Huskymannschaft notwendig. Für den Anfänger ist dies manchmal nicht ganz unproblematisch.

Der Gedanke: „Je mehr Zugtiere, desto weniger Kraft muss der Musher einsetzen" mag während der Fahrt zeitweise noch richtig sein, doch spätestens beim ersten Stopp kommt die Stunde der Wahrheit. Es ist schon ein großer Unterschied, ob Sie sich gegen vier oder acht eigenwillige Huskyköpfe durchsetzen müssen, oder ob Sie die Leinen von vier oder acht Hunden entwirren dürfen.

Gerade wurde mit Mühe und viel Schweiß der siebte oder achte Vierbeiner auf seinen ihm zugedachten Platz gestellt, schon herrscht vorn beim Leithund wieder ein totales Chaos. Solch eine Situation kann mitunter recht frustrierend sein, gehört aber zum Alltag eines jeden Mushers.

Über eines sollten Sie sich von vornherein im Klaren sein: Huskytouren bestehen nicht nur aus Schlittenfahrten. Die „Standzeiten" – also die Arbeit mit den Hunden und die Handhabung von Leinen und Geschirren – bedürfen sehr viel Zeit und Geduld. Oft sind es mehrere Stunden am Tag, die man mit der Betreuung der Gespanne beschäftigt ist. Rüstzeiten und Fahrzeiten halten sich also manchmal die Waage.

Die Grenzen Ihrer körperlichen Fähigkeiten dürfen Sie weder über- noch unterschätzen. Im Team ist der Mensch häufig zu bisher unvermuteten Leistungen fähig und wird schnell erkennen, dass selbst der Zustand am Rand der Erschöpfung ein Glücksgefühl sein kann.

☞ Einzelne Veranstalter setzen bei den Teilnehmern Altersgrenzen fest (z. B. ein Mindestalter von 16 oder 18 Jahren). Bei Extremtouren gibt es manchmal auch eine obere Grenze (z. B. max. 65 Jahre).

Seelische Fitness

Ob so eine Reise unter nicht immer vorhersehbaren Bedingungen zu einem unvergesslichen Erlebnis wird – im positiven Sinne –, hängt vor allem von der inneren Einstellung des Einzelnen ab. Deshalb ist die psychische Konstitution ein nicht zu unterschätzender Faktor.

Sie müssen für die nordischen Länder und den polaren Winter etwas übrig haben. Wer es liebt, sich den Naturelementen bedingungslos zu stellen und sich mit ihnen zu arrangieren, hat bei einer Hundeschlittentour reichlich Gelegenheit dazu. Allerdings müssen Sie auch akzeptieren, dass die Natur ihre eigenen Gesetze hat und eine noch so gut organisierte Fahrt durch unberechenbare Größen anders als geplant verlaufen kann.

Obwohl der Hundeschlittenalltag oftmals reichlich Kraft kostet und täglich neue Herausforderungen an die Teilnehmer stellt, sollten Sie fähig sein, immer die Ruhe zu bewahren und nie Hektik aufkommen zu lassen.

Die vielleicht ungewohnten Anstrengungen dürfen keinesfalls als Stress empfunden werden – allenfalls als positiver Stress. Nur so stellt sich eine innere Ausgeglichenheit ein, die den eigentlichen Erholungswert solch einer Reise ausmacht.

Aber der **nordische Winter** hat seine Besonderheiten und nicht bei jedem wirkt das unendliche Weiß besänftigend auf die Psyche – zumindest nicht, wenn man tagelang davon umgeben ist. Außerdem kann die Natur im Norden sehr brutal und unbarmherzig sein. Schnell und unvermutet wird sie für manchen Teilnehmer dann plötzlich ungewollt zu einer kaum zu bewältigenden Belastung. Tagelanger Schneesturm geht an die Substanz – sowohl körperlich als auch seelisch! Doch selten wird eine begonnene Tour allein aus Witterungsgründen abgebrochen. Dann heißt es „durchhalten“ bis zum Ende der Reise.

In der Regel gilt Folgendes: Falls nicht ausdrücklich vom Veranstalter erwähnt, ist eine Hundeschlittenfahrt kein *survival trip*, sondern eher ein *soft adventure trip*.

Auch beim Punkt **Temperaturen** sollten Sie wissen, was Sie erwartet. Wer noch nie die polaren Regionen im Winter bereist hat, dem sei gesagt: Unter normalen Bedingungen – starker Sturm einmal ausgeschlossen – sind -20 oder -30 °C als trockene Kälte bei entsprechender Bekleidung problemlos zu ertragen. Beim Umgang mit der Kälte ist die psychische Einstellung ebenfalls sehr wichtig. Kapituliert der Mensch seelisch, friert auch bald der Körper.

Eine mentale Einstellung auf den polaren Winter ist also schon notwendig, wollen Sie sich dort auch bei längerem Aufenthalt noch wohlfühlen.

Teamgeist

Die Teamgröße bei Huskytouren ist recht unterschiedlich. Manche Hundeführer gehen bereits mit zwei oder drei Gästen auf Tour, andere starten nur in größeren Gruppen mit bis zu zehn Personen. Es gibt nach Geschlechtern getrennte Teams, meistens sind es aber gemischte Gruppen.

Normalerweise bereitet das Zusammenleben mit anderen Hobbymushern keinerlei Probleme, da man unter Gleichgesinnten ist – alles begeisterte Nordlandfahrer oder Huskyfreunde. Bekanntschaften sind schnell geschlossen und das Du sollte unter Musherkollegen eigentlich selbstverständlich sein.

Dass die Teilnehmer bei den täglich anfallenden Arbeiten helfen – einschließlich der Versorgung der Hunde –, wird in der Regel erwartet und sollte auch selbstverständlich sein. Selbst wenn diese Mithilfe oft in harte Arbeit ausartet, bereitet sie mit der richtigen innerlichen Einstellung sogar Spaß und ist obendrein noch recht lehrreich.

Solidarität im Team ist von Anfang an wichtig und trägt nicht unwesentlich zum Gelingen einer Tour bei. Gerade bei längeren Fahrten, wo das Leben auf engstem Raum oftmals unumgänglich ist – z. B. bei Übernachtungen in kleinen Zelten –, sind **Toleranz** und gute **Anpassungsfähigkeit** nötig. Wer sich von schlechtem Wetter gleich entmutigen lässt oder für wen kleine Pannen und Mängel bei der Versorgung oder Unterkunft eine mittlere Katastrophe bedeuten, der verdirbt nicht nur sich selbst den Urlaub, sondern kann auch schnell die Stimmung im gesamten Team auf den Nullpunkt bringen. Die Bereitschaft, Entbehrungen in Kauf zu nehmen, ist notwendig. Jemand, der beim Picknick im Schneesturm bei -30 °C sich selbst bedauert und jammert, weil er gefrorenes Brot knuspern darf und er für diese „Zumutung" noch gutes Geld bezahlt hat, der mietet sich besser in ein Komforthotel ein und gestaltet seinen Winterurlaub etwas anders. Positives Denken ist beim Outdoor-Leben gefragt! „Toll, dass ich so etwas auch einmal erlebt habe!" – dies wäre die bessere Reaktion in solch einer Situation.

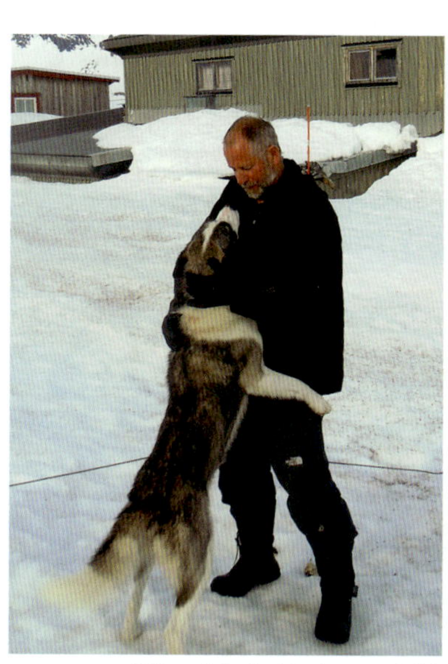

Hilton ist ein Kraftprotz (db)

Tierliebe

Als Teilnehmer einer Huskytour sollten Sie ein Tierfreund sein und Erfahrungen mit Hunden sind bestimmt ein großer Vorteil. Wer die Körpersprache der Tiere versteht, wird es beim Umgang mit den Vierbeinern bedeutend leichter haben als jemand, der noch nie etwas mit Tieren zu tun gehabt hat.

Personen mit Angst vor Hunden bleiben besser zu Hause. Auch wenn man es versteht, diese Phobie äußerlich zu verbergen, spürt ein Tier sie doch – und die Huskies mit ihrem Urinstinkt und dem halbwilden Blut in den Adern erst recht.

Doch selbst ein Hundekenner sollte sich nicht überschätzen und gleich mit einem vielköpfigen Gespann auf Reisen gehen. Mehr als vier bis sechs Hunde sollten Sie sich als Anfänger nicht antun. Der Umgang mit diesen quirligen Kraftpaketen bedarf einiger Routine und der Lernprozess kostet immer wieder reichlich Schweiß.

Zusammenfassung

Ein Musher muss eine gute Kondition besitzen, Gemeinschaftssinn aufweisen und hilfsbereit sein. Verantwortungsbewusstsein für die Natur und vor allen Dingen gegenüber den Hunden sollte selbstverständlich sein. Gute Laune und Humor können auch nicht schaden. Wenn dann noch eine Portion Liebe zu den nordischen Ländern, dem arktischen Winter und den Huskies vorhanden ist, stellt sich schnell das Gefühl einer Einheit aus Mensch, Hund und Natur ein und dem Erfolg einer Hundeschlittentour steht nicht mehr viel im Weg.

Planung und Reviere

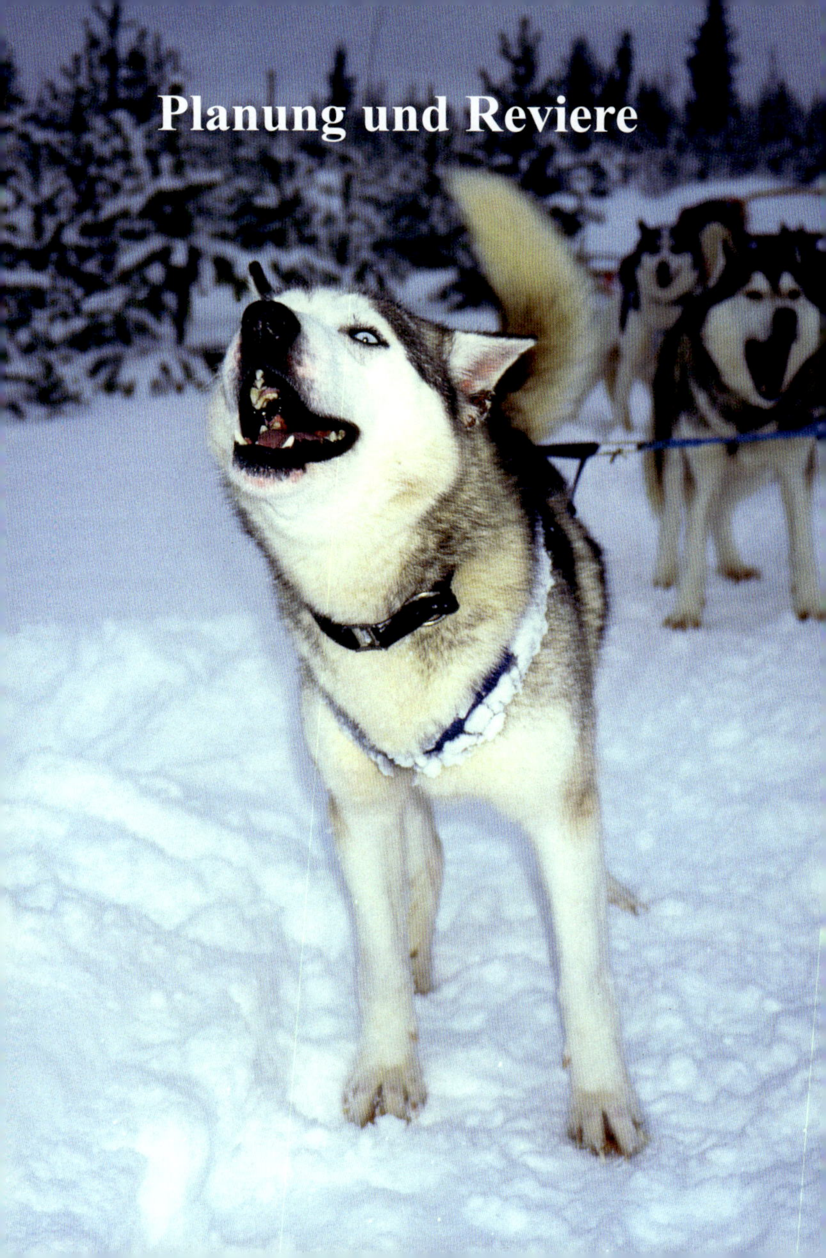

Ist der Entschluss gefallen und Sie haben sich für die Teilnahme an einer Hundeschlittentour entschieden, heißt es erst einmal Informationen sammeln. Ein normales Reisebüro kann nur begrenzt Hilfe bieten. Sie müssen schon selbst aktiv werden – und zwar frühzeitig. Das Kontingent einer Huskyfarm ist oftmals schnell ausgebucht. Mit Hilfe vom Internet und von speziellen Reisemagazinen (z. B. Outdoor, Nordis, abenteuer & reisen, tours) sollte es aber nicht schwer sein, entsprechende Veranstalter oder Anbieter ausfindig zu machen.

Das Angebot ist größer als vermutet: Norwegen, Schweden und Finnland, aber auch Alaska, Kanada oder Grönland – überall in diesen Ländern gibt es Huskybesitzer, die Schlittentouren auch für Hobbymusher organisieren.

Zuerst müssen Sie sich im Klaren sein, welchen Umfang und Schwierigkeitsgrad die Fahrt haben soll. Vom leichten Tagesausflug über mehrtägige Wildnistouren bis hin zur mehrwöchigen Expeditionsreise ist alles im Programm. Zusätzlich gibt es noch spezielle Angebote für Familien mit Kindern (z. B. Huskyfarm Björn Klauer), Fahrten, an denen nur Frauen teilnehmen, oder auch Touren für mobilitätseingeschränkte Personen. Im speziellen Handicap-Hundeschlitten sitzend können sie, von einem erfahrenen Musher geführt, ebenfalls an diesem Wintererlebnis teilnehmen.

Schwierigkeitsgrade

Hundeschlittentouren haben ein recht unterschiedliches Niveau, was die Schwierigkeitsgrade betrifft, und so werden auch höchst unterschiedliche Anforderungen an die Teilnehmer gestellt.

❶ Schwierigkeitsgrad „leicht“

▷ keine besonderen Anforderungen vorhanden, Beispiel: Halbtages- oder Tagestouren

❷ Schwierigkeitsgrad „normal“

▷ gute Kondition für stundenlanges Stehen oder zeitweises Gehen hinter dem Schlitten, Beispiel: Mehrtagestouren mit Übernachtungen in Hütten oder mit täglicher Rückkehr in ein Basislager (*lodge camp*)

❸ Schwierigkeitsgrad „schwer“

▷ gute Kondition und Gesundheit, Durchhaltevermögen auch bei extremen Witterungsverhältnissen und die Bereitschaft, auch unter primitiven Bedingungen zu übernachten, Beispiel: Touren mit einer Dauer von einer Woche oder mehr, mit Zeltübernachtungen

❹ Schwierigkeitsgrad „sehr schwer“

▷ Sehr gute Gesundheit und Kondition – physisch und psychisch! Die Teilnehmer sollten schon einschlägige Erfahrungen bei extremen Outdoor-Touren gesammelt haben. Beispiel: Lange Fahrten mit expeditionsähnlichem Charakter unter extremen klimatischen Bedingungen

zu ❶ Neben den überwiegend angebotenen mehrtägigen Touren gibt es im Programm vieler Huskyfarmen auch Fahrten, die nur wenige Stunden oder einen Tag dauern. Wer aus irgendwelchen Gründen Bedenken hat, als Neuling gleich an einer mehrtägigen Fahrt teilzunehmen, sollte kein Risiko eingehen und zum Einstieg erst Erfahrung auf einer Kurztour sammeln. Auch **Husky-Trekking** (dabei ist man als Wanderer per Bauchgurt und Leine mit der Hund verbunden) kann ein erster guter Kontakt zum Schlittenhund sein.

Für Leute, die das Outdoor-Leben scheuen, aber trotzdem einmal die Faszination „Hundeschlitten“ erleben möchten, sind diese „Schnuppertouren“ ein ideales Angebot. Dazu brauchen Sie nicht einmal unbedingt in polare Regionen reisen, denn in den deutschen Mittelgebirgen – Schwarzwald, Bayerischer Wald, Thüringer Wald, Harz, Rhön usw. –, aber auch im Allgäu und der Schweiz bestehen gute Möglichkeiten für erste kurze Testfahrten.

zu ❷ Wer gern an längeren Touren teilnehmen möchte, sich jedoch nicht für die Übernachtungen in den oft primitiven Wildnishütten begeistern kann, findet auch Angebote, in denen eine abendliche Rückkehr zum Ausgangspunkt geplant ist. Dieses Basislager besteht dann meist aus einem Hüttendorf mit entsprechendem Komfort.

Touren mit täglich wechselnden Rundfahrten vom festen Quartier aus werden häufig unter der Bezeichnung „Lodgetour“ oder „Familientour“ angeboten. Da hierbei die Belastung durch das Outdoor-Leben nicht sehr groß ist, können sogar Kinder daran teilnehmen.

zu ❸ Bei den mehrtägigen Reisen werden gewöhnlich Tagesetappen von 20-80 km zurückgelegt. Doch die Anzahl der Kilometer macht nicht unbedingt die Qualität einer Huskytour aus. Weniger kann da manchmal auch mehr sein. Denn nicht nur das Fahren, sondern auch das Leben als Team in den einsamen Hütten oder Zelten, die Betreuung der Hunde und die sonstigen kleinen Erlebnisse am Rande machen diesen Urlaub erst zum richtigen Abenteuer.

zu ❹ An Extremtouren mit schon expeditionsähnlichem Ablauf sollte wirklich nur jemand teilnehmen, der schon ähnliche Abenteuer in polaren Regionen unbeschadet und erfolgreich überstanden hat!

Motorschlittenbegleitung

Ein Diskussionsthema für viele Teilnehmer: Fahrten mit oder ohne Schneemobilbegleitung. Hier scheiden sich die Geister der „Musher-Gilde". Manche Hundeführer halten den Skooter bei so einem Outdoor-Erlebnis für einen technischen Exzess, andere sehen darin ein wichtiges und sinnvolles Hilfsmittel. Wie so oft gibt es auch bei dieser Sache sowohl positive als auch negative Aspekte.

Mit Motorschlitten

Vorteile

- ▷ Die Gespanne fahren auf einem gut vorgespurten Trail (Piste/Pfad).
- ▷ Die schwere Ausrüstung wird auf einem an den Skooter angehängten Lastschlitten transportiert. So sind die Hundeschlitten leicht in der Handhabung und es kann mit kleinerem Gespann gefahren werden.
- ▷ Bei Notfällen kann schneller Hilfe geleistet werden.

Nachteile

- ▷ eventuelle störende Belästigungen durch Lärm und Abgase
- ▷ stärkere Beanspruchung der Natur

Ohne Motorschlitten

Vorteile

- ▷ pures Naturerlebnis ohne Lärm und Abgase – allein mit den Hunden unterwegs ohne irgendwelche technischen Hilfsmittel

Nachteile

- ▷ Schwerere Hundeschlitten durch Gepäckverteilung und kein frisch gespurter Trail. Bei ungünstigen Schneeverhältnissen kann ein mühsames Trailbreaking (Pfadtreten) mit Schneeschuhen nötig werden.

Auch wenn die Variante ohne Schneemobil wohl das intensivere Erlebnis verspricht, kann gerade für den Anfänger die Begleitung durch einen Motorschlitten sehr von Nutzen sein. Eine gute Vorspur, der leichtere Schlitten und damit weniger Hunde im Gespann können einem Neuling den Einstieg als Musher sehr erleichtern. Der Umgang mit einem schwer beladenen Hundeschlitten kann enorme Kraft erfordern, wenn z. B. so ein Gespann an einer Böschung ins Rutschen kommt oder sogar umstürzt. Körperlich schwache Personen sind dann vielfach kräftemäßig überfordert.

In einigen Regionen ist von den Behörden die Benutzung von Motorschlitten in der freien Wildnis inzwischen stark eingeschränkt worden, sodass schon aus diesem Grunde darauf verzichtet werden muss. Auch bei Touren durch Nationalparks sind solche Begleitfahrzeuge in der Regel tabu.

Zum Lärm sei noch Folgendes gesagt: Da die Motorschlitten meist weit vorausfahren – oftmals außerhalb der Sichtweite –, ist eine Belästigung für die nachfolgenden Hundegespanne nur selten gegeben.

Ungünstige Schneeverhältnisse können gerade bei Touren ohne Motorschlittenbegleitung sehr schnell zu **Änderungen des Programmablaufes** führen. Doch selbst wenn die Änderung umfangreich ist und der Ablauf von der ursprünglichen Prospektbeschreibung eindeutig abweicht, berechtigt das den Teilnehmer in der Regel nicht zu Kostenrückerstattungsansprüchen.

Husky-Trekking

Beim Trekking zieht der Hund keinen Schlitten, sondern hat einen Wanderer im Schlepptau, der mit einem speziellen Bauchgurt und einer Leine mit dem Husky verbunden ist. Je nach Gelände und Schneeverhältnissen folgen Sie dem Hund zu Fuß (Nordic-Husky-Walking), auf Ski oder Schneeschuhen. Da der Vierbeiner gern das Tempo bestimmt, sollte eine gute Fitness vorhanden sein. Auf Schneeschuhen sind zwei- bis dreistündige Ausflüge schon eine gute Tagesleistung. Beim Skiwandern sind auch Touren von 5 Stunden möglich. Um den Wanderer zu entlasten, wird beim Husky-Trekking der Vierbeiner häufig mit speziellen Hundepacktaschen ausgestattet.

Pulkatouren

Für Leute, die gern und gut Ski laufen, gibt es zur normalen Huskytour noch eine Alternative: Skiwandern mit Hund und Pulka. Jeder Teilnehmer bekommt ein bis zwei Hunde gestellt – hierbei handelt es sich oft nicht um die typischen Schlittenhunde, sondern um andere kräftige Rassen –, die in ruhiger Gangart und mittels Chummetgeschirr den kleinen wannenförmigen Pulkaschlitten mit der persönlichen Ausrüstung ziehen. Sie selbst sind – damit Sie nicht den Kontakt verlieren – über eine Leine mit dem Gespann verbunden. Da die Hunde meist voller Energie und Begeisterung sind, ziehen sie mit Leichtigkeit den Pulkaschlitten hinter sich her.

Pulkagespann

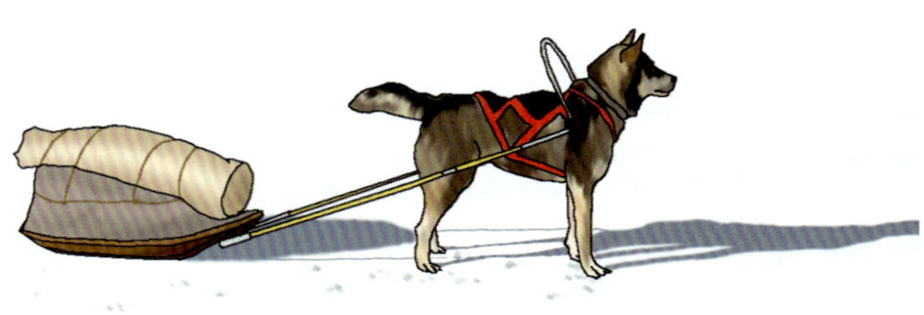

Tagesetappen von bis zu 30 km lassen sich auf diese Art und Weise gut zurücklegen. Mehrtagespulkatouren mit Hüttenübernachtung werden in Skandinavien häufig unter der Bezeichnung „*Nordic style tours*" angeboten.

Eine Pulka kann nicht nur zum Gepäcktransport dienen, sondern auch als Sitzplatz für jüngere Familienmitglieder. So können kleinere Kinder ohne große Strapazen an einer Wintertour teilnehmen.

Schlittenfahrten in Grönland

Bei grönländischen Schlittenfahrten ist man überwiegend nur Mitfahrer und wird wohl kaum selbst die „Zügel" in die Hand nehmen. Ein Grund dafür ist, dass in Grönland üblicherweise mit der bis zu 7 m langen **Peitsche** gelenkt wird. Mit so einem Gegenstand kann sich ein ungeübter Hobbymusher nur unglücklich machen und überlässt deshalb das Kommando besser einem einheimischen Inuit. So wie das Leben und Wesen der Hunde zu ihren Verwandten in Nordeuropa abweichen (☞ Die Schlittenhunde), so wird dort auch nach anderen Regeln Schlitten gefahren. Während in Skandinavien und in Alaska das federförmige Anschirren Standard ist, fährt man in Grönland überwiegend fächerförmig.

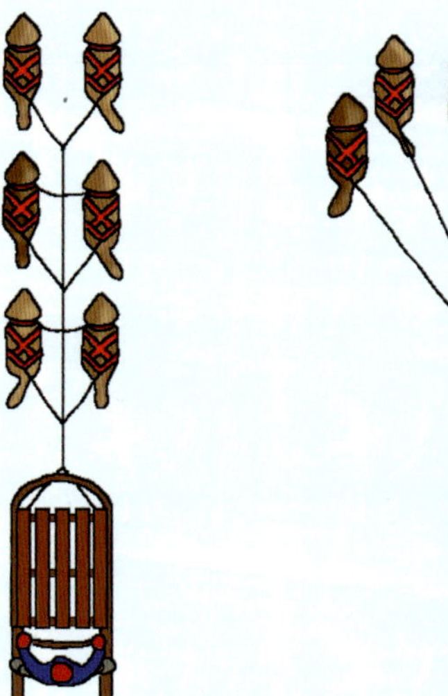

Federgespann mit 6 Hunden

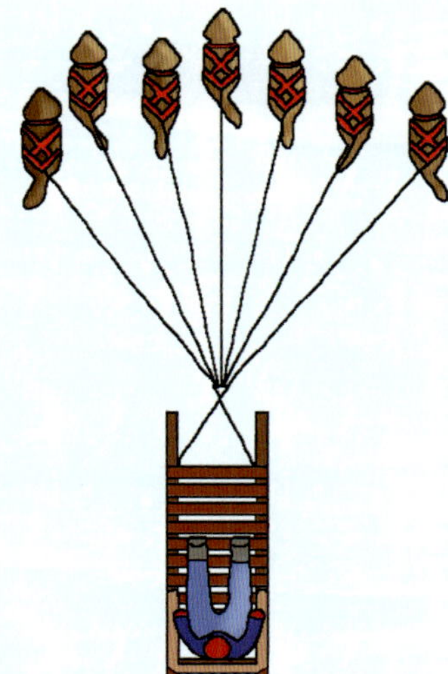

Fächergespann mit 7 Hunden

Da in Grönland keine Bäume wachsen, gibt es keine engen Walddurchfahrten, und auf den endlosen Schnee- und Eisflächen kann das Gespann ruhig Breite besitzen. Außerdem verlangt das Laufen hintereinander in der Reihe – wie bei der federförmigen Anordnung – mehr Disziplin von der Mannschaft und dies ist nicht gerade die Stärke der Grönlandhunde. Die großen stabilen Schlitten sind schwer und bieten bis zu drei Personen Platz. Der Musher fährt in der Regel sitzend; gelenkt wird weniger mit Kommandos, sondern hauptsächlich mit der Peitsche. Der Umgang mit dem Grönlandhund erfordert eine sehr starke Hand. Die Inuit (Grönländer) erledigen das mit einer oftmals brutal erscheinenden Härte. Aber ohne eine gewisse Strenge funktioniert dort die Beziehung zwischen Rudel und Mensch nicht. Selbst wenn Sie in Grönland nicht persönlich als Musher antreten können, so ist eine Schlittentour in dieser landschaftlich wunderbaren Region ebenfalls ein unvergessliches Erlebnis.

Buchung

Bucht man solch eine Reise direkt beim Hundehalter, besteht das Programm vielfach nur aus der Hundeschlittentour – Start und Ende an einer Huskyfarm.

Manche Organisatoren kümmern sich noch um den Transfer vom Flughafen oder der Bahnstation zum Zielort und vermitteln Übernachtungsmöglichkeiten für die Tage vor und nach der Tour. Um die An- und Abreise muss sich der Teilnehmer dann allerdings selbst kümmern. Wer aber gern alles im „Paket" haben möchte, bucht die komplette Tour bei einer versierten Reiseagentur.

Die eigentliche Huskytour ist bei einer direkten Buchung eventuell etwas preiswerter. Die Anreise wird aber oft teurer, da ein Privatmann z. B. nicht so günstige Flugtarife in Anspruch nehmen kann wie ein Reiseveranstalter. Außerdem bieten die Agenturen oftmals interessante Anschlussprogramme zur Verlängerung des Winterurlaubs. Eine sofortige Rückreise nach der Beendigung einer längeren Wildnistour ist sowieso niemals empfehlenswert. Der „Zivilisationsschock" ist einfach zu groß. Bleibt man noch ein paar Tage vor Ort, findet man die nötige Zeit und Ruhe, das Erlebte richtig aufzuarbeiten.

☺ Welche Variante am Ende die preiswertere ist, kann letztlich nur der direkte Vergleich entscheiden. Meist wird wohl die Direktbuchung günstiger sein, da auch der Devisenkurs eine Rolle spielt. Andererseits ist bei einer Agentur die

Absicherung besser, wenn es um einen Reiserücktritt geht. Auf jeden Fall bedarf ein Komplettangebot nicht so viel persönlicher Recherchen, Mails und Anrufe wie eine vollkommen selbst organisierte Reise.

Kosten

Während einer Hundeschlittentour besteht in der Wildnis wohl kaum Gelegenheit zum Geldausgeben. Dafür darf aber vor dem Erlebnis umso tiefer in die Tasche gegriffen werden. Schon die Anreise – da Sie als Einzelperson reisen, meist ein Linienflug – hat ihren Preis. Auch ein Tagespreis von € 200-400 für einen Wildnistag mag auf den ersten Blick etwas hoch erscheinen.

Allerdings sollte man bedenken, dass eine Huskyfarm ihren gesamten Jahresgewinn innerhalb von drei bis vier Wintermonaten erwirtschaften muss. Die Festkosten für die Tiere sind nicht unerheblich, denn die Hunde müssen das ganze Jahr hindurch fressen: 50 Hunde vertilgen pro Jahr ca. 20 t Fleisch!

Neue Tiere – falls sie nicht aus der eigenen Zucht stammen – haben ebenfalls ihren Preis. In Alaska kostet z. B. ein ausgebildeter Schlittenhund ca. $ 300-1.000 und für einen sehr guten Leithund werden auch schon mal $ 5.000 bezahlt. Außerdem wollen die Ausgaben für die immer wieder zu erneuernde, nicht ganz preiswerte Ausrüstung gedeckt sein. Von den unzähligen Arbeitsstunden, die ein Huskyzüchter mit seinen Tieren beschäftigt ist, einmal ganz zu schweigen. Zudem müssen noch Helfer oder Angestellte bezahlt werden und selbst im tiefsten Lappland gibt es ein Finanzamt mit großen offenen Händen.

Preisbeispiele pro Person für Schlittentouren Winter 2017/2018

- **Finnland – Taivalkoski**
  7 Tage (ab/bis Kuusamo) ca. € 1.600 (Finn-Jann Huskyfarm)
- **Schweden – Arvidsjaur**
  8 Tage (ab/bis Arvidsjaur) ca. € 1.500 (Elch Adventure Tours)
- **Norwegen – Karasjok**
  8 Tage (ab/bis Frankfurt) ca. € 3.600 (Arktis Reisen Schehle)
- **Grönland – Ilulissat**
  10 Tage (ab/bis Berlin) ca. € 3.400 (Nordwindreisen)
- **Kanada – Yukon**
  8 Tage (ab/bis Whitehorse) ca. € 1.600 (Pioneer-Erlebnisreisen)

Checkliste

Erkundigungen beim Veranstalter zu den folgenden Punkten sind bereits zur Planung sinnvoll:

❶ Dauer der Tour und Anzahl der Teilnehmer (Minimum/Maximum)
❷ In welchem Gelände wird gefahren: Wald, Tundra, Gebirge, vereiste Seen?
❸ Hat jeder Teilnehmer sein eigenes Gespann?
❹ Wie viele Hunde laufen pro Gespann und welche Rassen werden eingesetzt?
❺ Wie viele Kilometer werden täglich durchschnittlich zurückgelegt?
❻ Welchen Schwierigkeitsgrad hat die Tour? Leicht, normal, schwer oder sogar expeditionsähnlich?
❼ Welche Ausrüstung wird gestellt oder kann geliehen werden (Schlafsack, Overall, Stiefel usw.)?
❽ Welche private Ausrüstung ist notwendig (Kleidung usw.)?
❾ Wie wird übernachtet (Hütten, Zelte)?
❿ Findet vor Beginn eine gründliche Einweisung statt?
⓫ Wie viele Führer begleiten das Team?
⓬ Welche Fremdsprache beherrschen die Führer der Tour?
⓭ Werden die Gespanne von einem Motorschlitten begleitet?
⓮ Wird die gesamte Ausrüstung auf Hundeschlitten transportiert?
⓯ Wie viel persönliches Gepäck ist zulässig?
⓰ Besteht die Möglichkeit der Besichtigung einer Huskyfarm?
⓱ Wie lange besteht die Huskyfarm, bzw. seit wann werden solche Touren organisiert?
⓲ Mit welchen Kosten muss gerechnet werden? Welche Leistungen sind darin enthalten?

Reviere

Das Angebot an organisierten Huskytouren hat gerade in den letzten Jahren enorm zugenommen. In Alaska, Kanada, Skandinavien, Grönland und im begrenzten Rahmen auch in Deutschland (z. B. Bayerischer Wald, Allgäu, Harz, Rhön oder Thüringen), den Alpenländern und in Tschechien können Sie als Hobbymusher aktiv werden. Wer das wirkliche Huskyfieber spüren möchte und ein

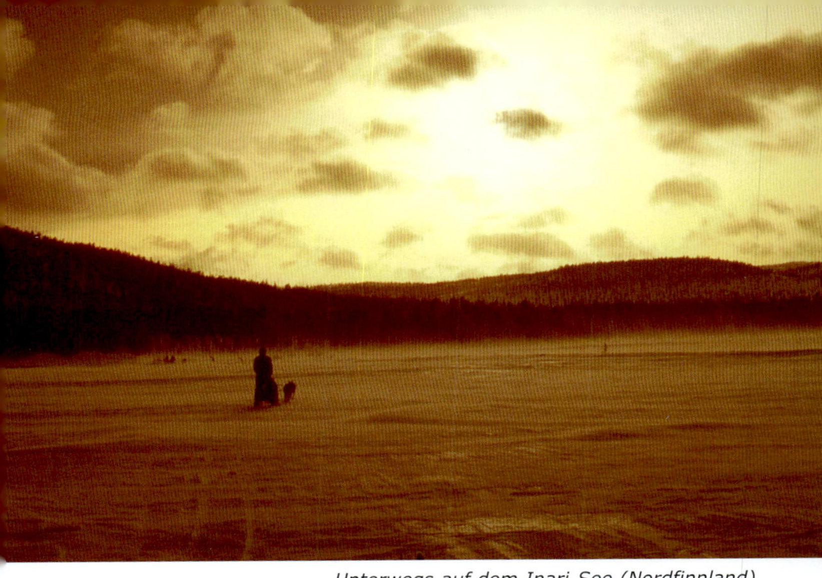

Unterwegs auf dem Inari-See (Nordfinnland)

Faible für den nordischen Winter hat, sollte die Schlittenhunde dort besuchen, wo sie wirklich zu Hause sind: nördlich und südlich vom Polarkreis!

Alaska/Westkanada

Alaska und die angrenzenden kanadischen Provinzen **Yukon, Northwest Territories, British Columbia** und **Alberta** gelten als klassische Huskyländer und sind besonders für fortgeschrittene Dogdriver ein Paradies. Profis führen dort Schlitten mit 12 bis 20 Hunden; solch ein Gespann hat dann schnell eine beeindruckende Länge von ca. 15 m oder mehr.

Im Land der unbegrenzten Möglichkeiten ist auch für den Hobbymusher fast alles machbar. Leichte, schwere und auch expeditionsähnliche Touren werden angeboten. *Rent the dogs and mush yourself,* heißt dort die Devise. Stunden, Tage, Wochen – wie lange Sie die nordamerikanische Wildnis auf Kufen bereisen möchten, ist nur eine Frage der Zeit, des Geldbeutels und des Durchhaltevermögens der Teilnehmer. Egal wie ausgedehnt die Reise auch wird, eine Huskytour in dieser großartigen Landschaft – vielleicht sogar mit Panoramablick auf den Mt. McKinley oder auf dem Eis des Yukon River – gehört für einen Huskyfreund wohl zu den beeindruckendsten Erlebnissen.

Es werden auch Reisen zur passiven Teilnahme an dem bekannten Schlittenhundrennen **Iditarod Trail** angeboten. Alljährlich starten am ersten Samstag im März in Anchorage die bekanntesten Musher der Welt mit ihren Elitegespannen zu *The Last Great Race on Earth*. Über eine Strecke von 1.160 Meilen (ca. 1.870 km) führt der Trail bis zum fernen Nome auf der Seward-Halbinsel. Weit über 1.000 Hunde sind dann unterwegs und es dauert 10 bis 12 Tage, bis die Gespanne ihr Ziel am Beringmeer erreichen.

Als Tourist können Sie die Startvorbereitungen verfolgen, mit Buschpiloten zu den Kontrollpunkten fliegen und den Zieleinlauf in Nome miterleben. Eine Teilnahme am Musher-Banquett, wo sich sämtliche aktiven Hundeführer des Rennens einfinden, die Besichtigung einer Hundefarm und Ausflüge in die grandiose Naturwelt von Alaska runden das Programm ab.

⌘ In Wasilla – nahe Anchorage – befindet sich das **Iditarod Headquarters and Visitor Center**. Diese Ausstellung zur Geschichte des berühmten Rennens und auch das **Dog Mushing Museum** in Fairbanks vermitteln dem Besucher Einblicke in die Welt der nordamerikanischen Musher und Schlittenhunde.

Das bekannteste Rennen im Westen von Kanada ist wohl das **Yukon-Quest,** *The Test of the Best*, wie dieser Wettbewerb auch in Fachkreisen häufig bezeichnet wird. Von Whitehorse führt der Trail über die alte Goldgräberstadt Dawson City nach Fairbanks. Zum größten Teil folgen die Gespanne dem Yukon River und damit der alten Poststrecke von Whitehorse nach Dawson City.

Bis in die dreißiger Jahre wurden dort Hundeschlitten zur Beförderung der Post und anderer Waren eingesetzt. Später übernahmen dann Buschpiloten diese Aufgabe.

☺ **Die Saison für Schlittenfahrten** dauert in Alaska und Westkanada in der Regel von Januar bis Mai. Die wärmeren Monate März bis Mai sind aber zu bevorzugen.

Hinweis: Bei Nordamerika-Touren muss vor Reiseantritt oft ein *release of claims and waiver of liability* unterschrieben werden. Damit verzichtet der Teilnehmer im Schadensfall oder bei Verletzungen auf Rechtsansprüche gegenüber dem Veranstalter der Tour.

Direktflüge von Frankfurt nach Anchorage/Alaska. Zielflughafen für Reisende nach Westkanada ist meist Vancouver oder Seattle. Von dort bestehen gute Inlandsverbindungen nach Juneau, Whitehorse usw.

Skandinavien

In Lappland, welches schon immer das Kerngebiet der Rentierzucht war, wurden Hunde nur selten vor den Schlitten gespannt und waren hauptsächlich die Begleiter der Samen (Lappländer). Sie wurden als Jagd- und Hütehunde eingesetzt. Bevor der Umstieg auf den Motorschlitten erfolgte, wurde das Ren dort immer bevorzugt als Zugtier eingesetzt.

Selbst wenn in diesen Regionen die Schlittenhunde ursprünglich gar nicht so weit verbreitet waren, ist heute das Angebot an Huskytouren dort am größten. **Finnisch-Lappland, Mittelfinnland, Nordschweden, Südnorwegen, Norwegisches Hochgebirge, Finnmark** – wer die Wahl hat, hat die Qual! Von Schnuppertouren, die nur eine Stunde dauern, bis hin zu mehrwöchigen Abenteuerreisen ist alles im Programm.

Im Sylarnagebirge (db)

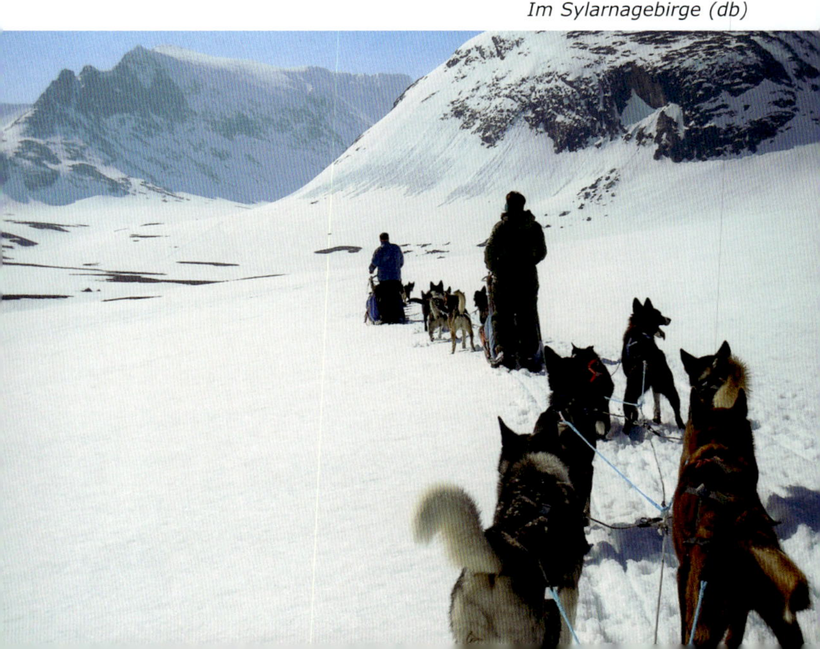

Hochqualifizierte Hundeführer leiten solche Touren im Norden Skandinaviens. Sie verfügen teilweise über jahrzehntelange Erfahrung, geben ihr Wissen gern an „ihre Schüler" weiter und sind absolute Kenner der Reviere, sodass Sie sich ihnen bedenkenlos anvertrauen können.

Die nordeuropäische Landschaft ist sehr vielseitig und so sind Fahrten in den unterschiedlichsten Revieren möglich: Zugefrorene Seen, endlose Tundraflächen, bewaldete Hügellandschaften und grandiose Gebirgswelten – alles wird dort geboten.

Als Beispiele ein paar Ortsnamen, in deren Umgebung Huskytouren veranstaltet werden:

Norwegen

- Alta, Bardu, Dombas, Drevsjö, Femunden, Gausdal, Geilo, Karasjok, Lillehammer, Otta-Soleng, Ringebu, Tonstad-Sirdal, Trysil und sogar auf der Eismeerinsel Spitzbergen

Schweden

- Abisko, Arjeplog, Arvidsjaur, Asele, Idre, Kiruna-Jukkasjärvi, Kungsleden, Sorsele

Finnland

- Ivalo, Joensuu, Kittilä-Äkäskero, Kuhmo, Kuusamo-Taivalkoski, Levi, Muonio, Saariselkä

☺ Die **Saison für Hundeschlittenfahrten** in Skandinavien erstreckt sich in der Regel von Anfang Dezember bis Ende April (im Hochgebirge teilweise auch bis Mai).

Bei dem dichten Netz an Inlandflughäfen in Norwegen, Schweden und Finnland ist die Anreise auch im Winter problemlos.

Grönland

Grönland ist ein Naturparadies der besonderen Art. Faszinierende Landschaften mit bizarren Eisbergen und den größten Gletschern der Welt prägen das Bild der sehr dünn besiedelten Küstenstreifen. Einerseits glaubt man, die Zeit ist hier stehen geblieben, denn das Kultur- und Traditionsbewusstsein ist bei den Inuit noch stark ausgeprägt. Andererseits machen ein dichtes Flugnetz und moderne Hotels diese Insel zu einem gut bereisbaren Urlaubsland. Die Grönländer werden oft als die freundlichsten Menschen der Welt bezeichnet und wer einmal dieses *Kalaallit Nunaat* – das Land der Menschen – besucht hat, ist von der beispielhaften Gastfreundschaft der Inuit beeindruckt.

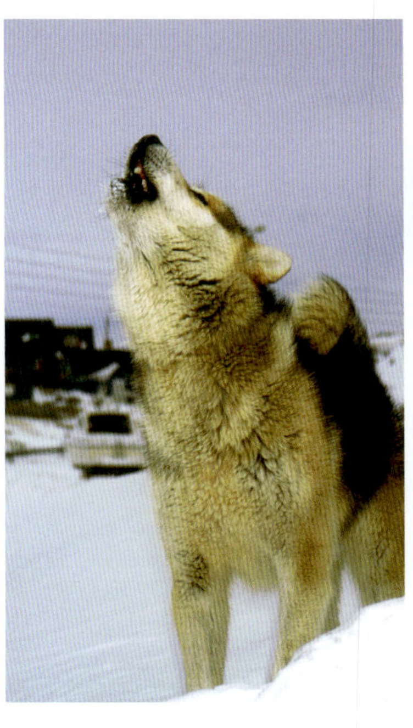

Schlittenhunde gibt es reichlich – mehr als 15.000 Stück. An der West- und Ostküste werden sowohl Tages- als auch Mehrtagesausflüge angeboten, neuerdings sogar Fahrten, die mehrere Wochen dauern und bei denen dann Strecken von über 1.000 km zurückgelegt werden.

Solche Extremtouren haben jedoch schon eindeutig expeditionsähnlichen Charakter und an die Teilnehmer werden demzufolge sehr hohe Anforderungen gestellt. Außerdem liegt der Preis für solch einen Ausflug in der Größenordnung eines Kleinwagens.

☺ Die **Hauptsaison** für Hundeschlittenfahrten auf Grönland sind die Monate Februar bis Mai, aber an der Westküste gibt es auch Regionen, wo bis in den Sommer hinein gefahren wird.

Die Anreise nach Ostgrönland erfolgt per Flug über Island/Keflavik nach Kulusuk und anschließendem Helikoptertransfer nach Ammassalik. Die Westküste erreichen Sie im Direktflug von Kopenhagen aus. Einziger Zielflughafen für Auslandsflüge nördlich des Polarkreises ist **Söndre Strömfjord** (Kangerlussuaq). Von dort besteht die Möglichkeit, mit Inlandflug oder Helikoptertransfer fast jede westgrönländische Ortschaft zu erreichen.

Klimatabelle

	Dez.	Jan.	Febr.	März	April
Lillehammer (Norwegen)	-6	-9	-8	-3	+2
Karasjok (Nordnorwegen)	-8	-16	-13	-9	-2
Kuusamo (Finnland)	-9	-13	-12	-7	-1
Ivalo (Nordfinnland)	-11	-14	-13	-8	-2
Jokkmokk (Nordschweden)	-8	-12	-12	-8	-1
Anchorage (Alaska)	-10	-11	-10	-6	+4
Whitehorse (Westkanada)	-16	-15	-15	-7	-1
Ilulissat (Westgrönland)	-10	-20	-15	-13	-11
Ammassalik (Ostgrönland)	-9	-11	-9	-7	-4

Diese Werte sind Durchschnittstemperaturen. In den Nächten können sie, besonders in den Monaten Januar bis März, durchaus um 20 °C niedriger ausfallen.

Polare Kaltluft ist aber nicht unangenehm und lässt sich aufgrund der geringen Luftfeuchtigkeit leicht ertragen. Auch der Schnee ist nicht so feucht wie in heimischen Regionen. Er besitzt eher eine Konsistenz von Zucker der feinsten Raffinade. Selbst wenn man hüfttief im Schnee steckt, ist bei entsprechender Bekleidung mit einer Durchfeuchtung nicht zu rechnen.

Während in Kanada die Temperaturen auch in Grad Celsius (°C) angegeben werden, gilt in Alaska oftmals noch die Einheit **Grad Fahrenheit.**

Grad Fahrenheit	+32	+14	-4	-22	-40	-58
Grad Celsius	0	-10	-20	-30	-40	-50

Ausrüstung und Hunde

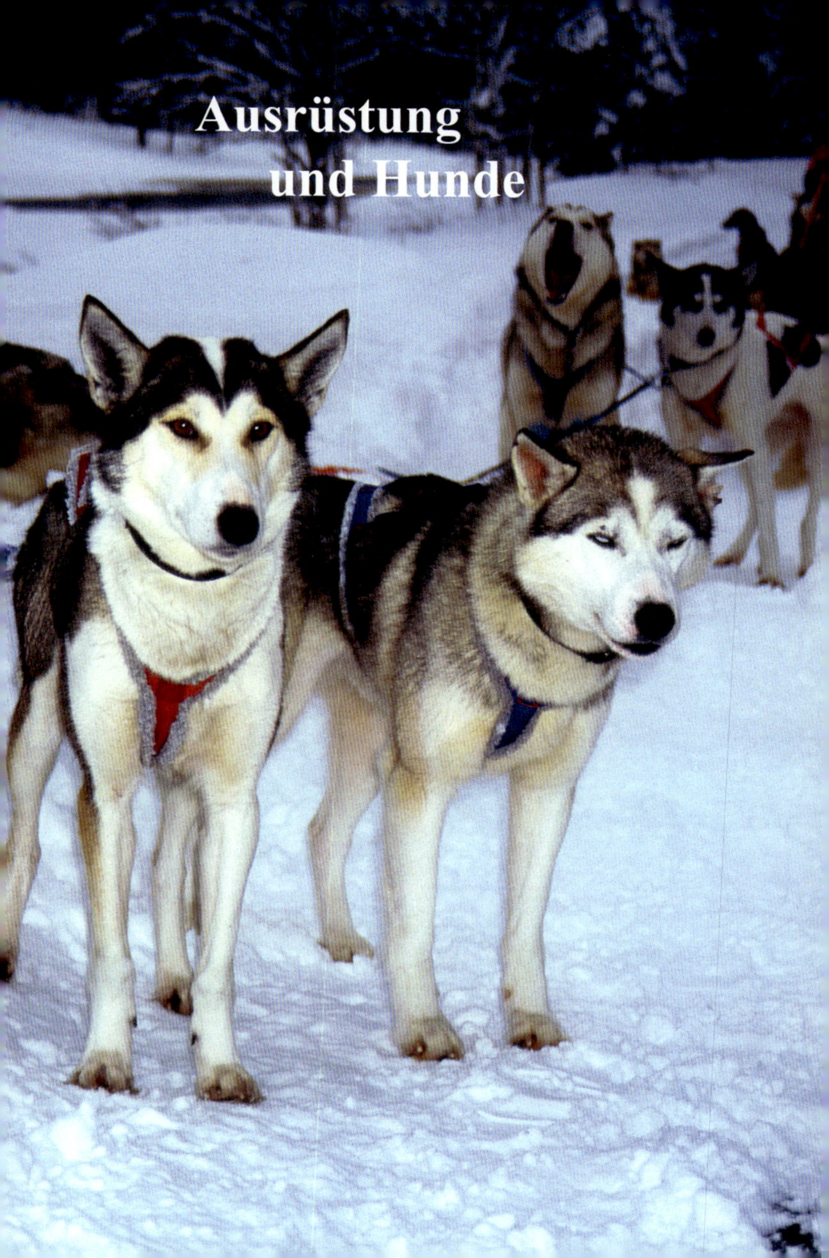

Was ist vorhanden oder wird gestellt? Was müssen Sie selbst mitbringen? So lauten wohl die ersten Fragen zum Punkt Ausrüstung.

Neben dem Schlittengespann – einschließlich den Hunden – werden in der Regel auch Stiefel, Winterkombi – meist als Overall, den Sie über der normalen Winterbekleidung tragen können – und ein warmer Schlafsack vom Organisator der Tour zur Verfügung gestellt oder können gegen einen geringen Kostenbeitrag geliehen werden.

Ist dies der Fall, müssen häufig schon bei der Buchung die Konfektions- und Schuhgrößen der Teilnehmer genannt werden. Dabei sollten Sie ein bis zwei Nummern größer angeben, als Sie normalerweise tragen.

Ein weiteres Paar Socken oder ein zusätzlicher Pullover müssen notfalls immer noch untergezogen werden können.

In Nordamerika gelten oftmals andere Konfektions- und Schuhgrößen als in Deutschland. Einige Beispiele:

	Herrenbekleidung				**Damenbekleidung**				**Schuhgrößen**			
D	48	50	52	54	38	40	42	44	38	40	42	44
USA	38	40	42	44	10	12	14	16	6½	8	9½	11

Bei gestellter Spezialkleidung sind in der Regel Größen von S bis XXL und Schuhe von 38 bis 46 vorhanden. Wer außerhalb dieser Größen liegt, sollte vor Anreise mit dem Veranstalter Rücksprache nehmen.

Schlitten

Auch wenn Sie als Teilnehmer sich um den Schlitten nicht selbst kümmern müssen, können einige Informationen zu dem „Arbeitsplatz" des Mushers nicht schaden. Vom Aussehen und von der Bauart kommen recht unterschiedliche Modelle zum Einsatz. Viele Profi-Musher lassen ihre Schlitten nach eigenen Ideen bauen oder fertigen sie sogar selbst an.

Meistens wird Eschen- oder Hickoryholz für die Herstellung verwendet und auf eine verschraubte, genagelte oder verleimte Verbindung weitestgehend verzichtet. Eine Konstruktion, die mit Riemen oder Schnüren verbunden ist, weist eine unglaubliche Flexibilität auf. Auch spätere Reparaturen sind daran einfacher durchführbar. Die Gleitflächen der Kufen sind vielfach mit einem Kunststoffbelag versehen.

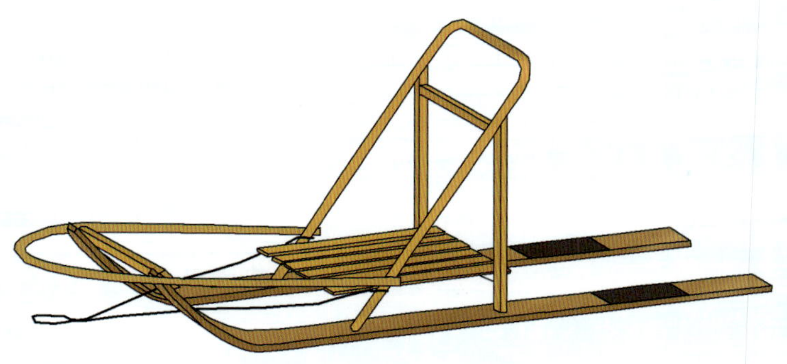

Leichter Rennschlitten

Die recht kleinen **Rennschlitten** werden nur bei gepäckarmen Wildnistouren eingesetzt. Sie sind zwar leicht und wiegen oftmals weniger als 10 kg, besitzen aber nur Kufen und keine Gleitfläche. So bekommt man damit spätestens im Tiefschnee Probleme.

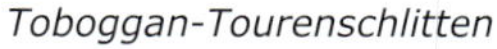

Toboggan-Tourenschlitten

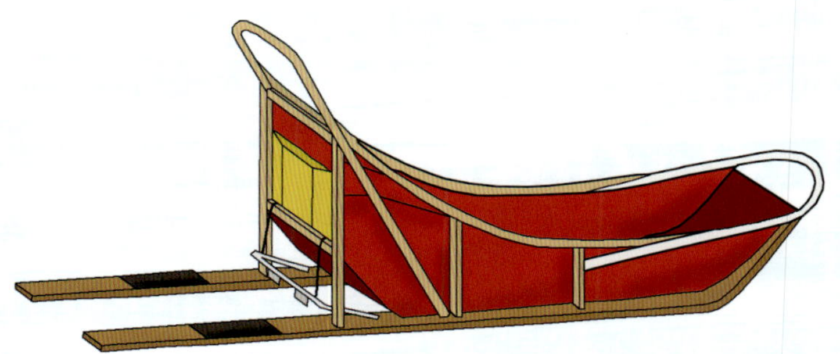

Bei Tourenfahrten kommen hauptsächlich Modelle zum Einsatz, die eine Bodenplatte besitzen. Schon die Ureinwohner Alaskas verwendeten Schlitten, die nicht auf schmalen Kufen, sondern auf einer breiten Fläche gleiten – die sog. **Toboggans**. Heute kombiniert man den Toboggan mit dem Kufenschlitten und hat so ein ideales Gefährt für Longtrails mit Gepäck.

Bei festem Schnee oder auf Eis gleitet der Schlitten auf den ca. 8 bis 10 cm breiten **Kufen**. Im lockeren Pulverschnee sackt er ein und rutscht dann auf der glatten Bodenplatte. Nach vorn sind die Kufen und die Platte hochgezogen, damit sich das Gefährt nicht festfahren kann.

Zum Schutz beim Kontakt mit Hindernissen ist vorn der halbrunde **Bumper** – die Stoßstange – angebracht. An den vorderen Kufenenden oder der ersten Ver-

Braketower mit Fußbremse; der Arbeitsplatz des Mushers

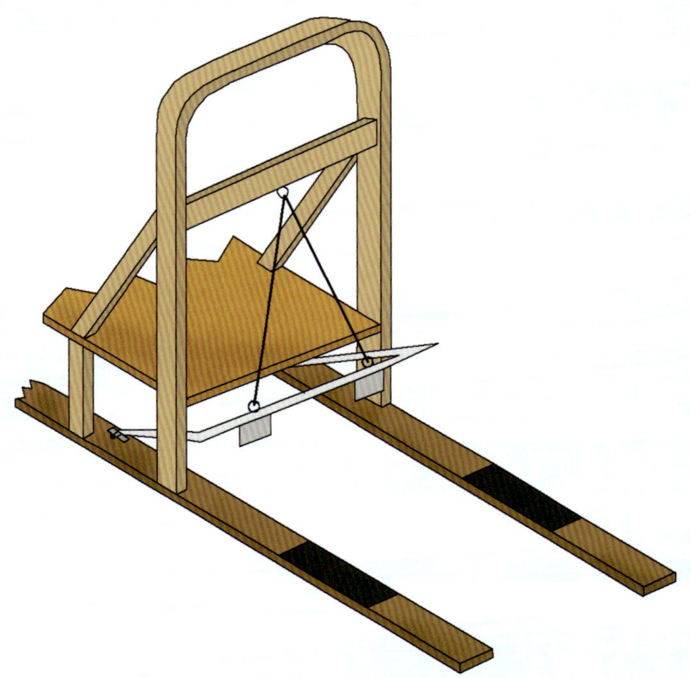

strebung ist die **Bridle**, das Seilstück zum Einklinken des Zugstranges, befestigt. Hinter der Packfläche befindet sich der Holm zum Festhalten für den Musher, auch **Braketower** genannt.

Die Kufen sind hinten ca. 1 m länger als die Packfläche. Dies ist gleichzeitig der Stehplatz. Damit die Füße einen besseren Halt finden, ist der entsprechende Kufenabschnitt mit einem Antirutschbelag versehen.

Jeder Schlitten hat eine **Bremse**, die mit dem Fuß betätigt wird. Drücken Sie das Zackenblech in den Schnee, kann damit die Geschwindigkeit reduziert werden. Bei einem Stopp kommt der **Anker** zum Einsatz. Diese Eisenkonstruktion wiegt 1-3 kg und besitzt mehrere spitze Zacken. Er ist über ein kurzes Seil mit dem Schlitten verbunden und fest in den Schnee getreten dient er zur Gespannsicherung.

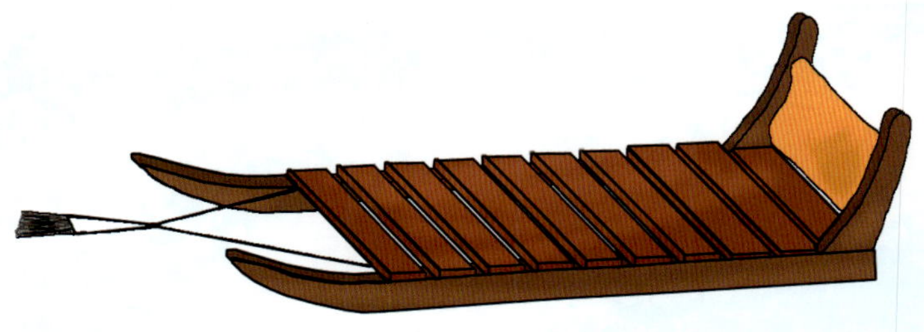

Grönlandschlitten

Schlitten in **Grönland** sind von ganz anderer Bauart. Sie sind sehr lang und, da viel Massivholz verwendet wird, auch sehr schwergewichtig. Trotzdem sind sie flexibel, da für den Verbund der Hölzer Riemen und Schnüre verwendet werden. Die Kufen bestehen aus hochkant gestellten Brettern, sind recht schmal und eisenbeschlagen. Am hinteren Ende fehlen die überstehenden Kufenstücke. Da der Musher im Sitzen fährt, wird dieser Stehplatz nicht benötigt. Diese Schlitten sind für Eisfahrten konzipiert. Im Tiefschnee bekommt man aufgrund der fehlenden Gleitfläche damit schnell Probleme.

Als Teilnehmer einer Grönlandtour sitzen Sie hinter dem Schlittenführer still zwischen den Gepäckstücken auf den Brettern und spüren, da jegliche Bewegung fehlt, die polare Kälte besonders stark. Gute Kleidung und dicke Felle sind dann besonders wichtig.

Pulkaschlitten sind kleine, meist nur 1-2 m lange, wannenförmige Holz- oder Polyesterkonstruktionen. Als leichter Gleitschlitten dienen sie zum Gepäcktransport und werden von ein bis zwei Hunden oder einem Menschen gezogen. Bei Pulkas arbeitet man nicht mit Zugleinen, sondern setzt Gestänge aus Alu- oder Manilarohr ein (Pulkahersteller z. B. Fjellpulken, Segebaden).

Bekleidung

Was in manchen Geschäften an Wintersportbekleidung angeboten wird, mag ja recht schick und modisch sein, eignet sich aber oftmals nur für den alpinen Skizirkus oder den Après-Ski. In Lappland, Grönland und Alaska werden andere Anforderungen an das Outfit gestellt. Gerade bei Hundeschlittentouren ist die Bekleidung besonderen Belastungen ausgesetzt und sollte dementsprechend robust, aber auch gleichzeitig funktionell sein.

Bei Hundeschlittentouren muss die Bekleidung robust und funktionell sein

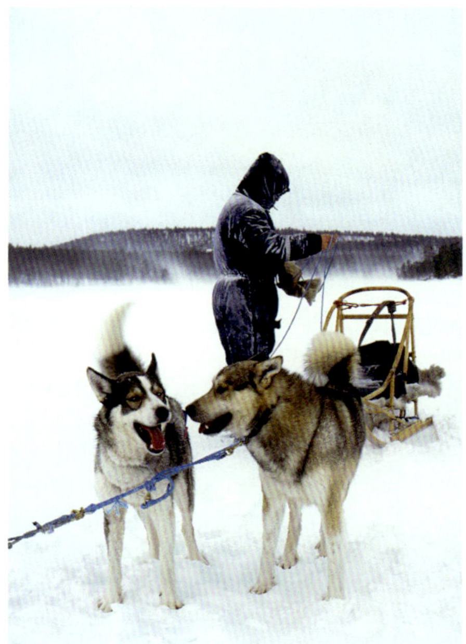

Wer sich bei polaren Temperaturen noch wohlfühlen möchte, muss sich ein richtiges Klimasystem aus **Mehrschichtbekleidung** schaffen, besonders wenn zur Kälte noch Schweißbildung durch körperliche Anstrengung entsteht (z. B. Gore-Tex, Texapore-Materialien). Ein Schicht-auf-Schicht-System – auch als **Zwiebelprinzip** bezeichnet – ist im Winter sinnvoll, da es die Möglichkeit bietet, sich durch Hinzufügen oder Weglassen einzelner Kleidungsstücke den jeweiligen Witterungsverhältnissen anzupassen.

Bei Kälte hat sich immer wieder **Fleece-Bekleidung** bewährt, da sie durch ihre Bauschigkeit isolierende Luftpolster erzeugen und den Schweiß schnell vom Körper weg nach außen leiten (z. B. Polartec, Synchilla oder Terry Fleece).

Der „Aufbau" eines gut „verpackten" Mushers kann also wie folgt aussehen:

1. Schicht

Direkt am Körper Funktionsthermo-Unterwäsche aus Kunstfasern, die den Schweiß vom Körper ableitet. Baumwolle hält die Feuchtigkeit und sorgt nur im trockenen Zustand für ein angenehmes Gefühl. An den Füßen trägt man Woll-, Thermo- oder Fleece-Socken, vorzugsweise zwei Paar übereinander.

Der Nachteil von reinen Kunstfasern ist allerdings der „Müffeleffekt" nach schweißtreibenden Aktivitäten. Da bei Outdoor-Touren Wechselkleidung meist nur begrenzt zur Verfügung steht, sollte bevorzugt Wäsche mit geruchshemmender Ausrüstung getragen werden (z. B. können in die Fasern eingearbeitete kleine Silbermengen Bakterien abtöten).

2. Schicht

Über die Unterwäsche eine leichte Fleece- oder Faserpelz-Bekleidung als Shirt oder Pulli und eventuell eine Fleece-Unterziehhose.

3. Schicht

Dickerer Pullover – vorzugsweise aus naturbelassener Wolle oder in Fleece-Ausführung – und eine Thermohose.

4. Schicht

Als „Außenhaut" ein robuster, winddichter, gefütterter Overall mit Kapuze oder eine mehrlagige Überhose und einen langgeschnittenen Winteranorak bzw. Parka, ebenfalls mit fester Kapuze.

☺ Hersteller von polartauglicher Bekleidung sind z. B. BigPack, Bergans, Fjällräven, VauDe, Four Seasons, Icebreaker, Jack Wolfskin, Norröna, Patagonia, Sprayway, Tatonka, The North Face, Yeti.

▷ Ein **Overall** bietet zwar lückenlosen Schutz, auch im Hüftbereich, ist aber in der Handhabung – z. B. beim Austreten – etwas umständlich. Ein **Anorak** muss auf jeden Fall ein Schrittband besitzen, das verhindert, dass der Wind das Kleidungsstück hochdrückt. Gerade die äußeren Kleidungsstücke dürfen im Schulter-, Ellenbogen-, Knie- und Gesäßbereich nicht zu eng anliegen, da während der Arbeit mit den Hunden reichlich Bewegungsfreiheit benötigt wird.

▷ Kapuzen sollten möglichst in der Größe durch Schnürzug regulierbar sein und eine gewisse Steifheit aufweisen, sodass sie nicht ständig ins Gesicht rutschen. Verstellbare Ärmelbündchen sind wichtig für einen lückenlosen Übergang zum Handschuh.

☺ Selbst auf Kleinigkeiten sollte bei der Bekleidungsauswahl geachtet werden. Zum Beispiel kann ein zu kleiner Zipper am Reißverschluss zum ständigen Ärgernis werden, da er mit Handschuhen kaum bedienbar ist.

▷ Als weitere Accessoires werden noch Schal, Mütze, Sturmhaube und Handschuhe benötigt. Eine zweckmäßige Kombination sind gut wärmende Fleece-Fingerhandschuhe und Fäustlinge aus winddichtem Material als Überhandschuhe.

▷ Bei der Kopfbedeckung sind drei Ausführungen empfehlenswert:

Die **leichte Fleecemütze**: Sie ist universell einsetzbar und lässt sich gut unter einer Kapuze tragen. Sogar im Schlafsack kann in kalten Nächten so ein leichtes Teil gute Dienste leisten.

Die **winddichte Funktionsmütze mit Schirm und Ohrenklappen**: Ein Schirm schützt nicht nur vor Sonne, sondern hält auch gut die Augen frei, wenn die leider oft recht großen Overallkapuzen ins Gesicht rutschen wollen.

Die **Sturmhaube**: Sind Mützen eher etwas für den normalen Wintertag, so kommt die Sturmhaube an den härteren Tagen zu Einsatz. In der Regel werden sie in Kombination mit einer Mütze getragen und sind ein idealer Windstopper. Modelle mit diversen Verstellmöglichkeiten (z. B. Klettverschlüsse am Hinterkopf oder Kinn) können zwar dem jeweiligen Kopf gut anpasst werden, sind aber nie so winddicht wie beispielsweise die einteilige Haube aus dehnbarem Powerstretch-Fleece.

Besonderen Schutz bietet nach eigenen Erfahrungen die Sturmhaube mit angearbeitetem Kragen. Solch ein Teil aus Polartec 300 Material (von Four Seasons) deckt hervorragend die Übergänge von der Oberbekleidung zum Kopf ab und bietet optimalen Schutz selbst auf der härtesten Tour.

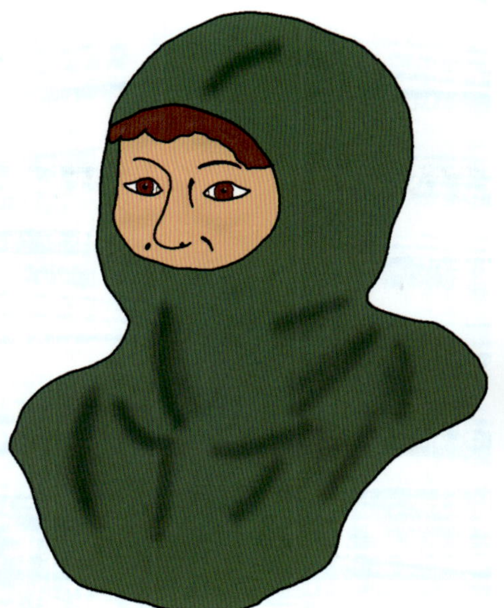

Sturmhaube

☺ Gerade bei den **Handschuhen** kann ein zweites Paar sehr sinnvoll sein, denn schnell geht ein Handschuh während der Fahrt verloren und ohne Schutz der Hände sind Sie bei polaren Temperaturen arm dran. Das gilt ebenso für Mütze und Schal. Ein Exemplar als Reserve schadet nie!

Auch wenn Tierschützer bei folgendem Hinweis aufheulen wie ein Husky, für die Bekleidung bei extremer polarer Witterung gibt es nichts Besseres als gute Pelze.

Es muss ja keine Jacke aus Seehundfell oder eine Eisbärenpelzhose sein, wie sie oft die Inuit auf Grönland tragen. Aber eine gut verarbeitete Biberpelzmütze ist als Kopfschutz unübertroffen. Auch eine Kapuzenkrempe mit flauschigem Wolfspelzbesatz macht scharfen Wind bedeutend erträglicher.

▷ An das **Schuhwerk** werden besonders hohe Anforderungen gestellt. Es sollte wärmen, vor Feuchtigkeit schützen und selbst noch bei -40 °C halbwegs elastisch bleiben. Die Stiefel müssen mindestens einen halbhohen Schaft besitzen und wasserdicht sein. Die Zunge sollte eine durchgehende, feste Verbindung zum Schaft haben und die Oberseite des Schuhs wenige Nähte aufweisen. Durch jedes Nahtloch kann Feuchtigkeit eindringen!

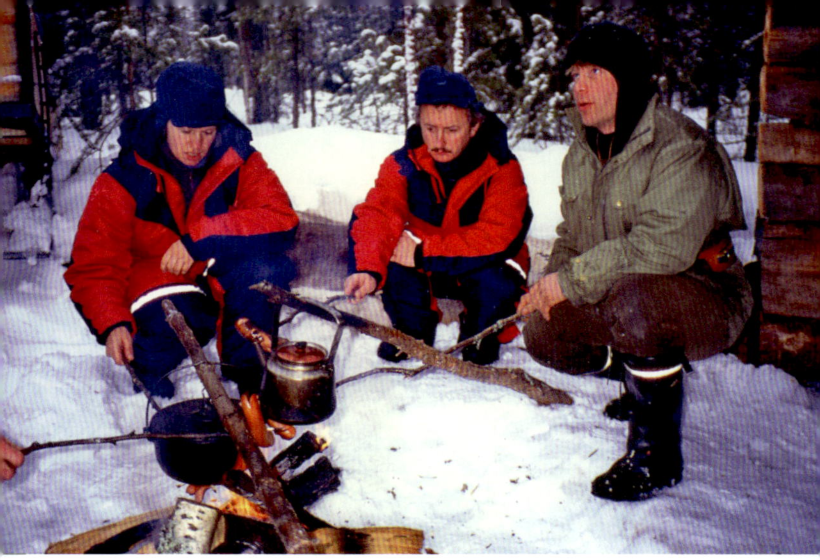

Das Lagerfeuer bietet wohlige Wärme

Damit die Füße selbst bei geringer Bewegung warm bleiben, ist eine **Fütterung** wichtig; praktisch ist auch ein herausnehmbarer **Innenschuh**. Verstellbare Schaftabschlüsse verhindern zusätzlich das Eindringen von Schnee. Eine Schnürung ist dem Reißverschluss vorzuziehen, da dieser sich bei extremen Temperaturen oftmals nicht mehr bewegen lässt. Bei Tiefschnee können ergänzend zum Stiefel noch **Gamaschen** sinnvoll sein (Stiefelhersteller sind z. B. Kamik, Sorel, Timberland).

Folgende Bekleidung sollten Sie also auf jeden Fall selbst mitbringen (auch für die Tage vor und nach der Tour):

▷ **für den Körper**: winddichte, wärmende Winterjacke mit Kapuze, warme Thermohosen, diverse Woll- und Fleece-Pullover, Funktionsunterwäsche

▷ **für Kopf und Hände**: Finger- und Fausthandschuhe, Schal, Mütze mit Ohrenschutz, Sturmhaube als Gesichtsschutz, eventuell auch Stirnband und Schneebrille

▷ **für die Füße**: unterschiedlich dicke Socken und feste Winterstiefel

▷ **für den Abend und die Nacht**: warmer Jogginganzug – der gleichzeitig als Schlafanzug dient – und Hütten- oder Hausschuhe

☺ Gute Bekleidung für polare Regionen hat ihren Preis und ist nur in speziellen Fachgeschäften erhältlich oder über den entsprechenden Versandhandel zu beziehen. Ein polartauglicher Parka kann durchaus zwischen € 300 und 600 kosten.

Aber eine gute Ausstattung trägt zum Gelingen und Wohlfühlen während einer Wildnistour bei und kann in diesen Regionen sogar lebenswichtig sein. Deshalb darf bei der Bekleidung nicht am falschen Ende gespart werden.

📖 **Ausrüstung I – von Kopf bis Fuß**, Hans Schinabeck, Markus Gründel, Basiswissen für draußen, OutdoorHandbuch, 3. Auflage 2013, Conrad Stein Verlag, ISBN 978-3-86686-417-7, € 10,90

♦ **Ausrüstung II – für Camp, Küche und mehr**, Hans Schinabeck, Markus Gründel, Basiswissen für draußen, OutdoorHandbuch, 2. Auflage 2016, Conrad Stein Verlag, ISBN 978-3-86686-101-5, € 10,90

Sonstige Ausrüstung

Bei der sonstigen Ausrüstung kann man unterscheiden zwischen:

- ▷ Gegenständen, die jeder Teilnehmer persönlich bei sich haben sollte und
- ▷ Zubehör, das für das gesamte Team benötigt wird.

❶ Persönliche Ausrüstung

▷ Jeder Teilnehmer benötigt einen **Schlafsack** (wird oft gestellt oder kann geliehen werden – vorher erkundigen!). Winterausführungen besitzen eine Daunen- oder spezielle Kunstfaserfüllung und sind je nach Ausstattung für Temperaturen von -20 bis -40 °C verwendbar (z. B. Ajungilak, Big Pack, Fjällräven, The North Face, Western Mountaineering). Da polartaugliche Mumienschlafsäcke zwischen € 250 und 600 kosten, sollten Sie ein vorhandenes Leihangebot wahrnehmen. Wer nicht gern in „fremden Betten" schläft, kann ja sein eigenes Mumieninlett aus leichtem Baumwollstoff mitbringen (ca. € 10).

✋ Sind Außenübernachtungen geplant, muss der Schlafsack unbedingt im Halsbereich einen Wärmekragen besitzen, der das Eindringen von kalter Luft bzw.

das Entweichen der Wärme verhindert. Außerdem ist dann ein Biwaksack als zusätzlicher Wetterschutz sinnvoll.

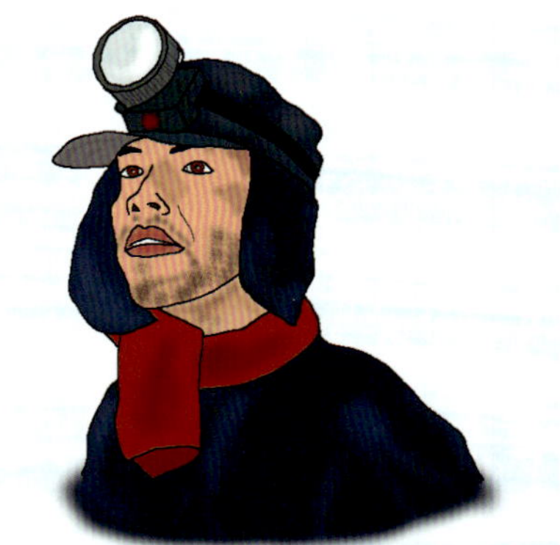

Stirnlampe

☺ Wer auf ein Kopfkissen nicht verzichten möchte, sollte einen kleinen Kissenbezug (ca. 25x25 cm) einpacken. Mit einem zusammengefalteten Sweatshirt als Füllung entsteht so schnell ein handliches Ruhekissen.

- ▷ Zur persönlichen Ausrüstung gehören ebenfalls der **Kulturbeutel** mit Toilettenartikeln, Toilettenpapier (sehr wichtig!), Handtuch, Sonnencreme und evt. Sonnenbrille.
- ▷ Unentbehrlich ist eine **Taschen- oder Stirnlampe** (z. B. Mag Lite, Petzl) mit entsprechendem Batterien- oder Akkuvorrat.
- ▷ Ein stabiles **Jagdmesser** als vielseitiges Essbesteck und Universalwerkzeug kann auch nicht schaden.
- ▷ Zum Verstauen der persönlichen Ausrüstung ist eine feste **Reisetasche**, ein **Rucksack** oder **Seesack** zu empfehlen.
- ▷ Persönliche **Medikamente** und eine kleine **Reiseapotheke** (mit Medikament gegen Durchfall, z. B. Imodium Akut) sollten nicht vergessen werden.
- ▷ Für ständige **Brillenträger** ist die Mitnahme einer Ersatzbrille sehr wichtig.

☺ Sinnvoll ist der Abschluss einer Auslandsreisekranken- und Unfallversicherung.

Zur Foto- und Videoausrüstung ☞ Foto- und Videotipps

❷ Allgemeine Ausrüstung

- ▷ **für Mensch und Lager**: Lebensmittel, Felle oder Isounterlagen, eventuell Zelte, Kocher, Töpfe, Geschirr, Besteck, unzerbrechliche Thermoskannen,

Lampen, Kerzen, Feuerzeug, Beil, Säge, Schneeschaufel, Eisbohrer, Schöpfkelle, Wassereimer, Angel, Mobiltelefon oder Funkgerät, Erste-Hilfe-Kasten

- **zusätzlich bei längeren Touren oder Expeditionen**: Biwaksäcke, Schneeschuhe, Kompass und Karten, Notsignalmittel, Rettungsdecke, GPS-Gerät, ELT-Notfunkgerät, Schusswaffe
- **für die Hunde**: Futter, Näpfe, Eimer und Schöpfkellen, Ersatzgeschirre und Leinen, Stake-out-Ketten, Bodenspiralen und Stahlpflöcke, Krallenzange, Booties, Pfotenfett. Diese Ausrüstung wird vom Veranstalter gestellt.

Schlittenhunderassen

Wer nur die reinrassigen Siberian Huskies oder Alaskan Malamuten kennt, wie sie von Züchtern in Mitteleuropa oft auf Hundeschauen präsentiert werden, kann schon enttäuscht sein, was ihm im fernen Norden so alles als Schlittenhund vorgestellt wird. Einen Rassestandard in dem Sinne gibt es dort nur selten. Was hier zählt, sind allein Leistung, Zuverlässigkeit, Widerstandskraft und Charakter. Aussehen, Schönheit oder Größe sind dagegen völlig nebensächlich.

So ist auch der heute weitverbreitete **Alaskan Husky** entstanden: ein Mischling aus den ursprünglichen nordischen Rassen und anderen Jagd- oder Windhunden. Deshalb kann man viele Exemplare, die einem dort im hohen Norden vor den Schlitten gespannt werden, auch kaum einer der bekannten Rassen zuordnen. Laienhaft würde man sie allenfalls als Huskyverschnitt bezeichnen. Es sind einfach robuste und widerstandsfähige nordische Hunde, die sich auch bei polarem Klima pudelwohl fühlen.

Husky

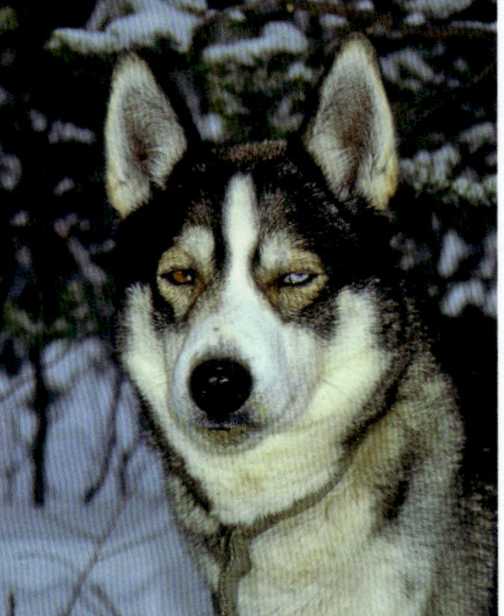

Spricht ein nordischer Züchter von den **Stammbäumen** und der **Rassenzugehörigkeit** seiner Tiere, hört es sich fast an, als wenn ein Textilfachmann ein Mischgewebe beschreibt. Nur, dass es sich hier nicht um Baumwolle oder Synthetikanteile handelt, sondern um 75 % Siberian Husky mit 25 % Greyhound. Oder der Vierbeiner „besteht" aus 50 % Siberian Husky und 50 % Grönlandhund.

Die Hunde mit „Greyhoundanteil" sind aufgrund ihres Körperbaus in der Regel gute Rennhunde. Denn wenn es richtig um Speed geht, kann der reine Siberian Husky kaum einen Pokal gewinnen. Kommt es aber auf Ausdauer und Intelligenz an, ist der Siberian Husky im Vorteil. Ist Kraft und Kondition wichtiger als Geschwindigkeit, sind die Alaskan Malamuten oder die Grönlandhunde gefragt.

Wer erstmals mit diesen Hunden arbeitet, wird beeindruckt sein, welch ein Tatendrang und was für eine Begeisterung in so einem nordischen Hundekörper steckt. Vergleicht man diese quirligen Kraftpakete mit den heimischen, oft überzüchteten Vierbeinern, erscheinen einem unsere Haushunde wie depressive Frühinvaliden. Schon der aufmerksame Blick eines laufenden Huskies sagt alles: Da spiegelt sich im Hochglanz der blauen oder braunen Augen die pure Lebensfreude!

Das Leben der nordischen Hunde

Bereits die Nomadenvölker in Sibirien, und später die Trapper in Alaska, züchteten nicht nach festem Rassestandard, sondern ließen die Natur zeitweise kräftig mitmischen. Folglich kam immer wieder eine Portion wildes Blut dazu. So blieb auch die Widerstandskraft erhalten, die Tiere in diesen Regionen unbedingt brauchen, um extreme klimatische Bedingungen zu ertragen.

Dass in jedem Husky noch ein kleines Stückchen **Wolf** weiterlebt, glaubt man spätestens, wenn er Laut gibt: Dieser langgezogene „Helloooouuuuu..."-Gesang ist kein Bellen, sondern ein Heulen. Aber zwischen Wölfen und Schlittenhunden besteht schon lange kein verwandtschaftliches Verhältnis mehr. Beide sind zwar furchtlose Jäger, aber wenn Wolf und Nordlandhund aufeinandertreffen, wird der Hund in der Regel den Schwanz einziehen und die Flucht ergreifen. Fast kann man schon von einer vererbten „Wolfsangst" bei diesen Tieren sprechen. Denn im direkten Kampf ist der Schlittenhund dem Wolf unterlegen.

Trotz ihrer Wildheit verfügen die Huskies der heutigen Generation in Alaska und Skandinavien meistens über einen ehrlichen Charakter, haben ein recht zutrauliches Wesen und sind auch gegenüber fremden Personen ausgesprochen freundlich. Gehorsamkeit ist allerdings nicht immer ihre Stärke. Es sind sehr selbstbewusste Tiere mit einem intakten Urinstinkt, die nicht unbedingt auf den Menschen angewiesen sind und dies durchaus wissen. Selbst wenn sie bereits seit Generationen „zivilisiert“ leben, könnten solche Hunde aufgrund des nie verlorengegangenen Jagdtriebs und dem ausgeprägten Instinkt jederzeit ohne den Menschen in der Wildnis überleben. Bekommen sie eine Chance, sind sie schnell die reinsten Wilderer. Allerdings kann ein Hund in den polaren Regionen kaum längere Zeit als Einzeltier existieren. Hunde und Wölfe sind im Gegensatz zu den Katzenarten – wie z. B. dem Luchs – keine Hinterhaltsjäger, die ihre Beute beschleichen und im Überraschungsmoment ergreifen. Sie brauchen die **Teamunterstützung eines Rudels**.

Ihr unersättlicher Lauftrieb ermöglicht ihnen eine ausgiebige Hetzjagd, bei der das Opfer bis zur totalen Erschöpfung verfolgt wird. Die nördlichen Tundralandschaften mit der lichten Vegetation eignen sich gut für solche Aktionen. Das Opfer findet kein schützendes Versteck und so behalten die Verfolger immer die Übersicht. Ein jagendes Rudel entwickelt richtige Angriffsstrategien mit Arbeitsteilung. Während einzelne Tiere den Treiber spielen, bremsen andere das Opfer von vorn ab und die restlichen stoßen seitlich dazu. So ist das verfolgte Tier festgesetzt und für das Rudel eine einfache Beute.

Vom Welpen zum Schlittenhund

Da ein mit Liebe aufgezogener Schlittenhund nur selten seine Freiheit zur Flucht nutzt, ist es wichtig, dass schon die Welpen frühzeitig Kontakt zum Menschen bekommen. So verliert sich die Scheu und die Liebe, die sie während der Aufzucht bekommen, wirkt sich später positiv auf ihre Gutmütigkeit aus.

Laufen ist ihr Leben und die Lust zum Lastenziehen ist den arktischen Hunderassen fast angeboren. Von Natur aus früh entwickelt, können sie schon im Alter von acht bis zehn Monaten leichte Lasten ziehen. Nur langsam wird das Zuggewicht erhöht, damit keine irreparablen Schäden am Knochenbau des Jungtieres entstehen.

Bereits im frühen Stadium erkennt der Züchter, für welchen Job der einzelne Hund brauchbar ist. Denn jedes Tier hat in der Regel später seinen festen „Beruf", z. B. als Leithund (**Leader**), Mitläufer (**Teamdog**) – diese Hunde laufen mitten im Gespann – oder als starkes Zugtier direkt vor dem Schlitten (**Wheeldog**). Je nach Eignung der Tiere stellt dann der Musher ein Team der gewünschten Größe zusammen.

Obwohl im Allgemeinen alle Huskies intelligent und lernfähig sind, ist nicht jeder Hund als Leittier geeignet. Nervenstärke und ein gutes Durchsetzungsvermögen sind notwendig, damit das restliche Team den **Leader** als Chef anerkennt. Er sollte Verantwortungsbewusstsein besitzen und die erteilten Befehle präzise umsetzen oder, wenn es für das Gespann besser ist, auch einmal die Befehle des Mushers ignorieren. Außerdem muss der Leader ein gutes Trail-Gespür besitzen, also die Fähigkeit, einen schon länger nicht mehr befahrenen oder bereits wieder verwehten Pfad aufzuspüren.

Sind beim Grönlandhund oft Rüden die Leittiere, da sie sich aufgrund der stärkeren Kräfte im Rudel durchsetzen konnten, wird bei den Huskies in Nordeuropa und Alaska dieser Job häufig von intelligenten Hündinnen erledigt. Im Gespann läuft meist noch ein zweiter Leithund, der notfalls als Vertretung den eigentlichen Lead dog ersetzen kann.

Die kräftigsten Hunde – oft mit mehr Muskeln als Gehirn – kommen als „Arbeitspferde" direkt vor den Schlitten. Doch ein **Wheeldog** muss auch mental Stärke aufweisen. Der immer dicht auf den Fersen sitzende Schlitten darf ihn nicht nervös machen, selbst wenn das polternde Gefährt seinem Hinterteil bedrohlich nahe kommt.

Bei einer vielköpfigen, federförmig angespannten Mannschaft - 10 oder mehr Hunde - kommen häufig zusätzlich noch spezielle **Swingdogs** zum Einsatz. Sie werden direkt hinter dem Leithund platziert und unterstützen ihn bei der Einleitung von Richtungswechseln. Sie „schwingen" das Gespann also mit Gefühl in die Kurve.

Es bedarf vieler Experimente und einer unendlichen Geduld, bis ein Huskybesitzer ein komplettes Gespann zusammengestellt hat und es als gutes Team problemlos läuft. Da es bei Hunden nicht anders als im menschlichen Berufsleben zugeht, verträgt sich natürlich nicht jeder Kollege mit dem anderen Kollegen. Ein guter Hundeführer sollte solche Unstimmigkeiten bereits frühzeitig erkennen und durch die richtige Teamkombination für ein gutes „Betriebsklima" sorgen. Denn

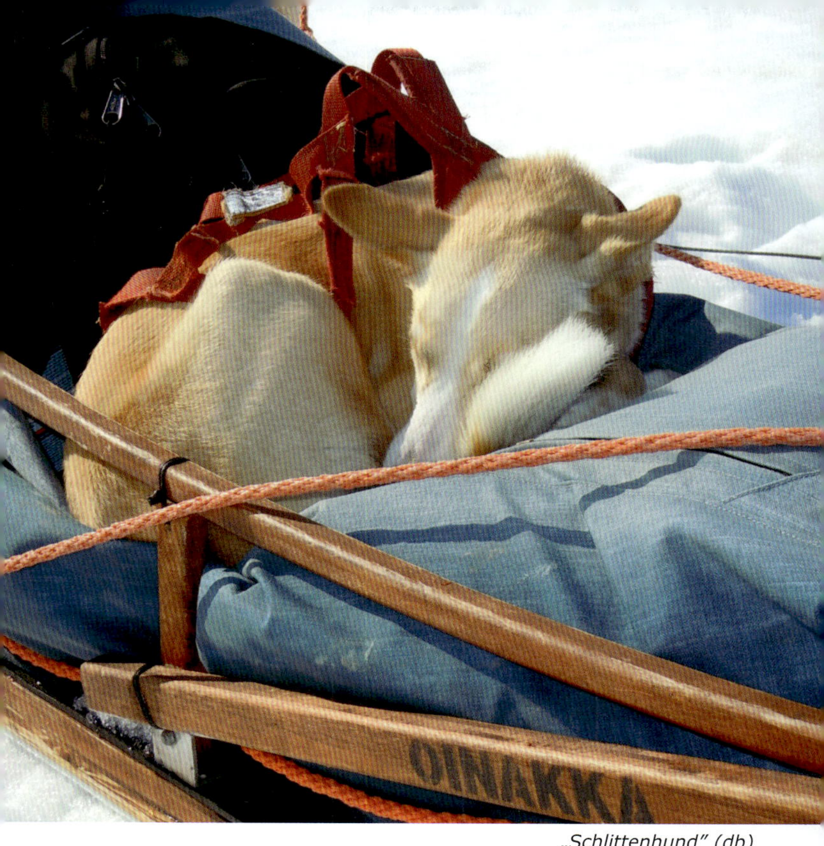

„Schlittenhund" (db)

eine Mannschaft, die damit beschäftigt ist, ständig ihre privaten Reibereien auszutragen, kann wohl kaum volle Leistung bringen – weder im Beruf noch „on trail".

Schon die **Erziehung der Jungtiere** muss konsequent und mit einer kräftigen Portion Bestimmtheit erfolgen. Doch die Gehorsamkeit darf nicht auf einer Basis der Unterwürfigkeit entstehen, denn auch in seiner Rolle als Schlittenhund verzichtet ein Husky nicht auf seine ursprüngliche Unabhängigkeit. Nur wenn der Hund gleichzeitig Respekt und Vertrauen zum Herrn hat, wird er später seine Befehle befolgen. Ist das Vertrauen zwischen Mensch und Hund gebrochen – z. B. durch ungerechte Bestrafung –, kündigt ein Vierbeiner schnell seinem Herrn die Freundschaft und damit auch den Job als brauchbarer Schlittenhund. Also sollte man mit Bestrafungen bei der Erziehung dieser trotz ihrer Rauheit recht sensiblen Tiere sehr vorsichtig sein. Nur ein Husky, der seinem Herrn völlig vertraut, ist bereit, sogar das letzte bisschen Kraft für ihn zu geben. Wollen Sie aus einem Rudel Huskies brauchbare Schlittenhunde machen, reicht nicht nur der gute Wille, sondern für solch eine Aufgabe müssen Sie zugleich einfühlsamer Psychologe, strenger Lehrer und ein guter Freund der Tiere sein. Wenn es bei der Schlittenhundeausbildung Probleme gibt, liegt der Grund in der Regel nicht am Intelligenzpotential der Hunde, sondern meist an der Unfähigkeit der Besitzer.

Das Leben der grönländischen Schlittenhunde

Wie Ausgrabungen der Neuzeit gezeigt haben, hielten sich die Inuit auf Grönland ca. 1.000 v. Chr. bereits ständig Hunde als Jagdhelfer und Lasttiere. Bis in die Gegenwart hat sich daran nicht viel geändert und so leben in manchen Siedlungen heute mehr Hunde als Menschen.

Da sich in der Einsamkeit kaum die Gelegenheit von Kreuzungen bot, ist der Grönlandhund eine sehr ursprüngliche Rasse, die sich über Jahrhunderte kaum verändert hat. Selbst in der heutigen Zeit sorgen strenge Gesetze für die Erhaltung der Art. Andere Hunde dürfen auf die Insel nicht eingeführt werden. Eine Ausnahme gibt es nur für Blindenhunde.

Die Schlittenhunde in Grönland sind aufgrund ihrer Wildheit und der leider oft recht lieblosen Erziehung mit großer Vorsicht zu genießen. Einen Grönlandhund sollten Sie als Fremder niemals streicheln oder füttern, auch wenn er noch so zutraulich wirkt und lieb ausschaut – nur, wenn es der Besitzer ausdrücklich erlaubt.

Die wenigsten Tiere sind den direkten Kontakt zu Menschen gewohnt und sie beißen schnell zu. Wird ein Mensch gebissen, tötet man in der Regel das Tier. Die Inuit befürchten, die Hunde könnten merken, dass sie durch das Beißen dem Menschen überlegen sind, also keinen Respekt mehr haben und damit unberechenbar werden. Hat ein Hundeschlittenführer nicht mehr die nötige Autorität, kann ein Rudel, das streikt und dann plötzlich über den ungeliebten Musher herfällt, schnell zu einer tödlichen Gefahr werden.

Alte Tiere haben auf Grönland meist ein schlechtes Los. Die Hunde werden dort nicht als Hobby gehalten, sondern sind wichtige Nutz- und Arbeitstiere im täglichen Kampf ums Dasein. Während der Robben- und Eisbärenjagd oder als Zugtier müssen sie bei bis zu -40 °C Schwerstarbeit verrichten. Lässt ihre Kondition dann eines Tages nach, sind sie nur noch unnütze Fresser und werden auch so behandelt. Selten wird ein Hund dort älter als fünf oder sechs Jahre.

Dagegen laufen in Lappland oder Alaska noch achtjährige „Oldies" im Gespann und schaffen, falls das Gelände nicht allzu anstrengend ist, locker Tagesetappen von bis zu 50 km. In Skandinavien ist das Pensionsalter geregelt und mit neun Jahren geht dort ein Schlittenhund normalerweise in den wohlverdienten Ruhestand.

Meist sind es die Lungen, die beim Grönlandhund vorzeitig durch die Überbelastung bei der extremen Kälte Probleme bereiten. Wahrscheinlich gibt es das Wort Gnadenbrot im grönländischen Wortschatz gar nicht – zumindest nicht für Tiere. Viele Inuit leben selbst am Existenzminimum und können es sich kaum leisten, unnütze Fresser zu ernähren. Also werden diese „Frühinvaliden" kurzerhand erschossen.

Wer die Geschichte um den harten Überlebenskampf der Inuit kennt, der weiß auch, dass ähnliche Gesetze in früheren Zeiten sogar für alte Leute galten. Wer schwach war und nicht mehr mit auf die Jagd konnte, der wurde in einer kalten Winternacht auf das Eis gesetzt, erfror dort in kürzester Zeit und war anschließend ein willkommenes Frühstück für die ausgehungerten Eisbären. Dort wo die Natur brutal ist, ist auch das Leben brutal!

Dass es in anderen Ländern Hunde gibt, die mit ihren Herrn in einer Wohnung leben, halten die Inuit für ein Märchen. Welchen Stellenwert ein grönländischer Hund besitzt, zeigt auch die Tatsache, dass die Tiere oftmals nicht einmal einen Namen haben.

Insgesamt werden in Grönland die Tiere härter angefasst als z. B. in Nordskandinavien. Das Ausbrechen oder Kürzen der Eckzähne zum Entschärfen der Gebisse oder das monatelange Anketten in der Sommerzeit zeigt schon, wie hart und lieblos ein Leben als Schlittenhund in Grönland sein kann.

Bei den Grönlandhunden ist das Rudelverhalten sehr ausgeprägt. Ein Zugteam hat meist eine über Jahre gewachsene Hierarchie. Jede Position ist durch verletzungsreiche Kraftproben erkämpft worden und nur wenn die Rangordnung eindeutig entschieden ist, kehrt in ein Gespann halbwegs Ruhe und Frieden ein, sodass man vernünftig mit ihm arbeiten kann. Es ist deshalb kaum möglich, Tiere aus verschiedenen Rudeln zu mischen. Zumindest sind dann automatisch neue Machtkämpfe vorprogrammiert.

Die vier großen Rassen

Spricht man im Allgemeinen von nordischen Hunden, sind damit neben den Schlittenhunden auch die Jagd- und Hütehunde der polaren Regionen gemeint. Zur Gruppe der Schlittenhunde gehören die vier Rassen **Siberian Husky, Alaskan Malamute, Samojede** und **Grönlandhund**, daneben auch noch die Kreuzungen, wie die inzwischen weitverbreiteten **Alaskan Huskies**. Allgemein werden Schlittenhunde, egal welcher Rasse, einfach als Huskies oder arktische Hunde bezeichnet.

Siberian Husky

Beim Wort Schlittenhund denkt man wohl zuerst an den Siberian Husky. Blaue Augen und ein kontrastreich gezeichnetes Fell sind für viele die typischen Husky-

Der Intelligente: Siberian Husky (Welpe)

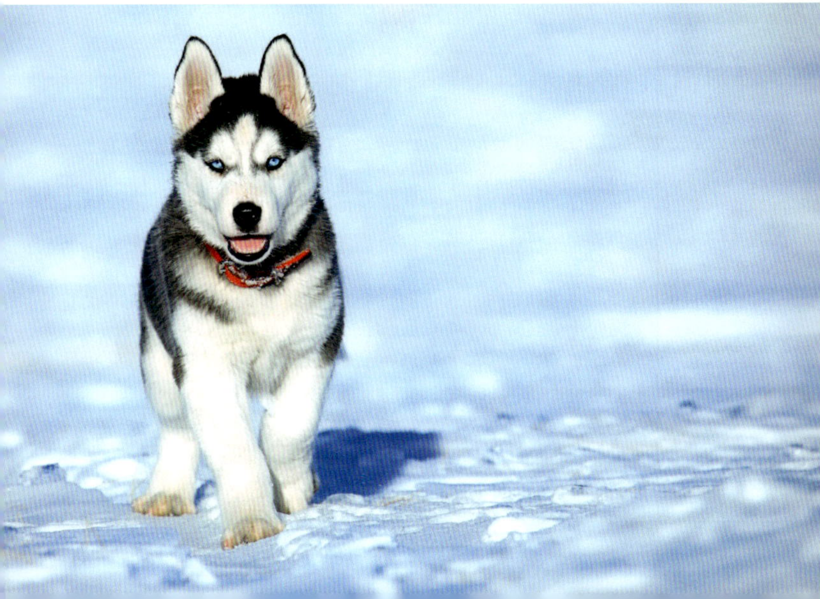

merkmale. Um gleich bei den Augen zu bleiben: Diese Rasse hat sowohl blaue als auch braune Augen. Manchmal sogar eine ungleiche Augenfarbe. *Odd-eyed* nennt man solch zweifarbige Kombinationen. Der Körper dieser mittelgroßen Hunde ist kräftig und kompakt und selten wiegt so ein Tier mehr als 30 kg.

Mit seinen eleganten schnellen Schritten und dem unermüdlichen Bewegungsdrang ist er der ideale Schlittenhund. Auch wenn er nur zu der mittelgroßen Rasse zählt, kann sein muskulöser Körper enorme Leistungen erbringen. Beeindruckend ist immer wieder der fast mühelose Gang, sowohl bei schwerer Last als auch bei hoher Geschwindigkeit. Ursprünglich in Sibirien beheimatet, ist er heute auf der ganzen nördlichen Welt zu Hause. Überdurchschnittliche Intelligenz, schnelle Lernfähigkeit und Menschenfreundlichkeit machen ihn zu einem angenehmen Begleiter.

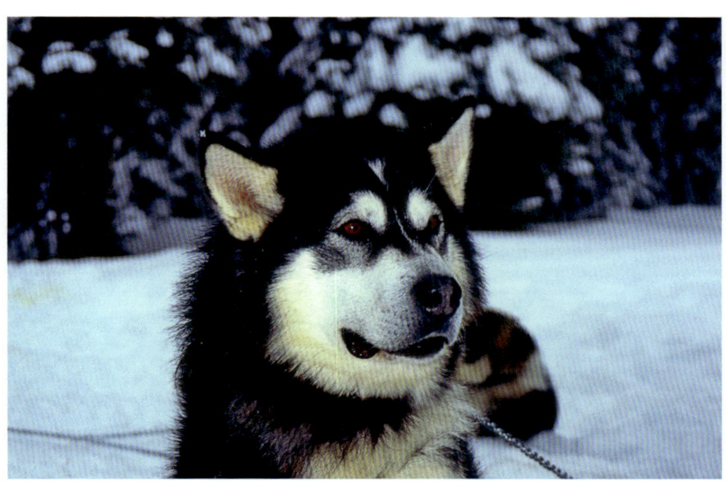

Der Kraftprotz: Alaskan Malamute

Alaskan Malamute

Er ist der stärkste und mit einer Schulterhöhe von mehr als 60 cm auch der größte arktische Hund. Da er sich trotz seiner Kraft recht langsam bewegt, nennt man ihn auch die „Güterzuglokomotive des Nordens". In den Tagen des Goldrausches war er der verlässlichste Gefährte der Siedler in Alaska. Seinen Namen hat dieser selbstbewusste Kraftprotz von dem früher im Nordwesten von Amerika lebenden Malamuten-Volksstamm. Für einen nordischen Hund ist er sehr fügsam, manchmal sogar etwas verspielt und verträgt sich gut mit anderen Tieren.

Er lässt den Kopf nie hängen, sondern bewegt sich immer in stolzer, aufrechter Haltung. Das Fell besteht aus einem rauen Oberkleid und einer dichten, öligen Unterwolle. Das Haarkleid ist grau bis schwarz mit weißen Zeichen. Die mandelförmigen Augen sind sehr dunkel. Die ausdauernde, kraftvolle Gangart dieser Rasse macht ihn zum idealen Zugtier für schwere Lastschlitten.

Der Samojede

Diese Rasse mit schneeweißem oder cremefarbenem Fell hat seine Ursprünge in den Weiten Nordrusslands. Dort wurde sie bei den Samojeden als Hütehund und vereinzelt auch als Zugtier eingesetzt. Der Samojede ist bis heute noch kein typisches Rudeltier, sondern eher ein Einzelgänger. Trotz seines kompakten, oft zierlich erscheinenden Körpers gilt er als ein robuster Arbeitshund mit festem Wesen.

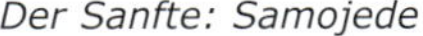

Der Sanfte: Samojede

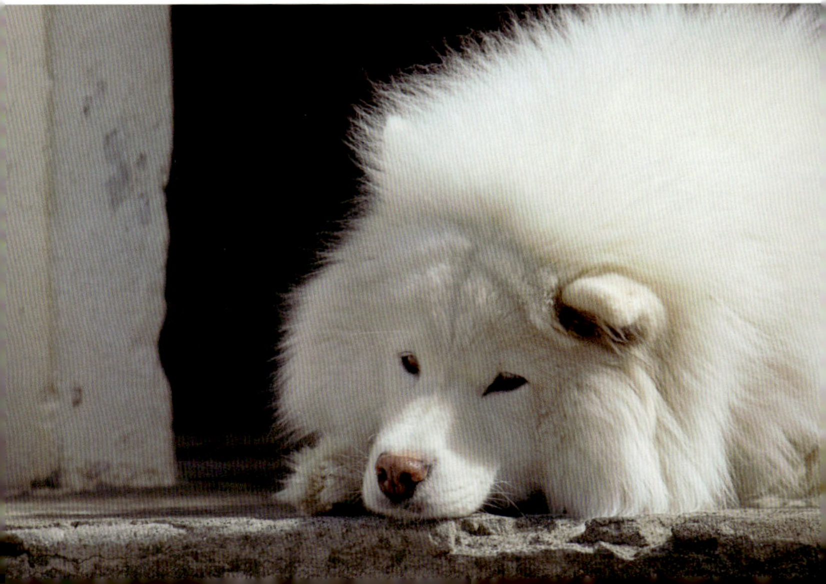

Dies hatte der Polarforscher Fridtjof Nansen schon erkannt, der diese Rasse als Begleiter für seine Expeditionsreisen auswählte. Das Haarkleid der sanftmütigen Samojeden ist an Hals und Schulter besonders lang und bildet dort eine mehr oder weniger ausgeprägte Halskrause. Die tiefliegenden, dunklen Augen und die leicht angezogenen Lefzen sorgen für das typische „Samojeden-Lächeln".

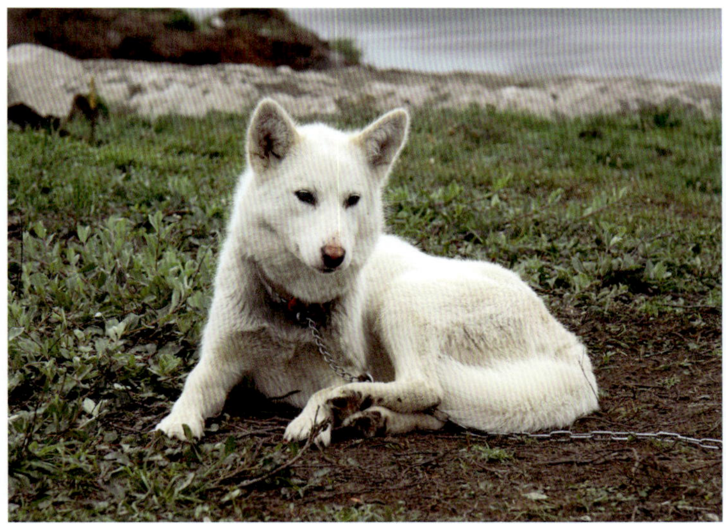

Der Wilde: Grönlandhund (© Petr Brož)

Der Grönlandhund

Er wird in West- und Ostgrönland auch heute noch als Zugtier und Jagdhelfer eingesetzt und ist die ursprünglichste aller nordischen Hunderassen. Er ist ein sehr kräftiger Hund mit auffallend starken Vorderläufen und großen Pfoten. Die Krallen sind extrem ausgeprägt und erleichtern dem Tier das Laufen auf dem blanken Eis. Bei einem Gewicht von bis zu 40 kg ist er der schwerste unter den arktischen Rassen. Mit seiner dichten Unterwolle und dem bis zu 15 cm langen Deckhaar kann er sich selbst bei extremsten arktischen Bedingungen behaupten. Das Fell hat unterschiedliche, meist helle Färbungen und ist nur selten gefleckt.

Der Grönlandhund braucht aufgrund seiner Aggressivität gegenüber Artgenossen und Menschen eine sehr konsequente Führung.

Obgleich diese Rasse bereits seit vielen Hundert Jahren die Inuit als Zugtier begleitet, ist der „Zivilisationsprozess" noch nicht abgeschlossen. Das wilde Blut macht sich bei ihm stärker bemerkbar als bei jeder anderen Polarhundrasse. Ein Grönlandhund kann nicht als Einzeltier leben. Er braucht den hierarchischen Rudelaufbau und die damit verbundene „Action".

Typische Laufstile

Beobachtet man den Laufstil der einzelnen Tiere, so erkennt selbst ein Laie deutliche Unterschiede.

▷ Bei langsamem Gang setzt der **Siberian Husky** die Hinterläufe weit auseinander und erzeugt mit den muskulösen Schenkeln einen kräftigen Schub. Bei zunehmender Geschwindigkeit greift er weit mit den Pfoten aus und setzt sie voreinander in eine Spur – wie ein Mannequin beim Gang über den Laufsteg. Die Hinterpfoten treten dabei seitenäquivalent in die Stapfen der Vorderpfoten. Der Rücken bleibt dabei schön ruhig in einer Lage und bildet mit dem nach vorn gestreckten Kopf eine Linie. Die Rute wird recht unterschiedlich getragen. Mal hängend und fast im Schnee schleifend, mal kühn gerollt hoch über dem Rücken.

▷ Noch besser als ein reiner Siberian beherrschen die **Alaskan Huskies** mit „Windhundanteil" diesen charakteristischen Laufstil. Bedingt durch ihre extreme Langbeinigkeit können sie noch weiter mit den Pfoten ausgreifen und ihr Lauf sieht auch bei hoher Geschwindigkeit extrem leichtfüßig, elegant und scheinbar mühelos aus.

▷ Ganz anders verhält sich der **Alaskan Malamute**. Er ist ein „schneller Geher" und wenn er richtig laufen muss – was er nur recht ungern tut –, kann von Stil oder Eleganz keine Rede sein. Ab einer bestimmten Geschwindigkeit fängt er mit den Hinterläufen an zu hoppeln und das Ganze hat mit Laufen nicht mehr viel zu tun. Eher ist es ein ständiges Springen. Aber seine eigentliche Stärke ist ja auch der ruhige Gang mit Kraftreserven.

Auf der Huskyfarm

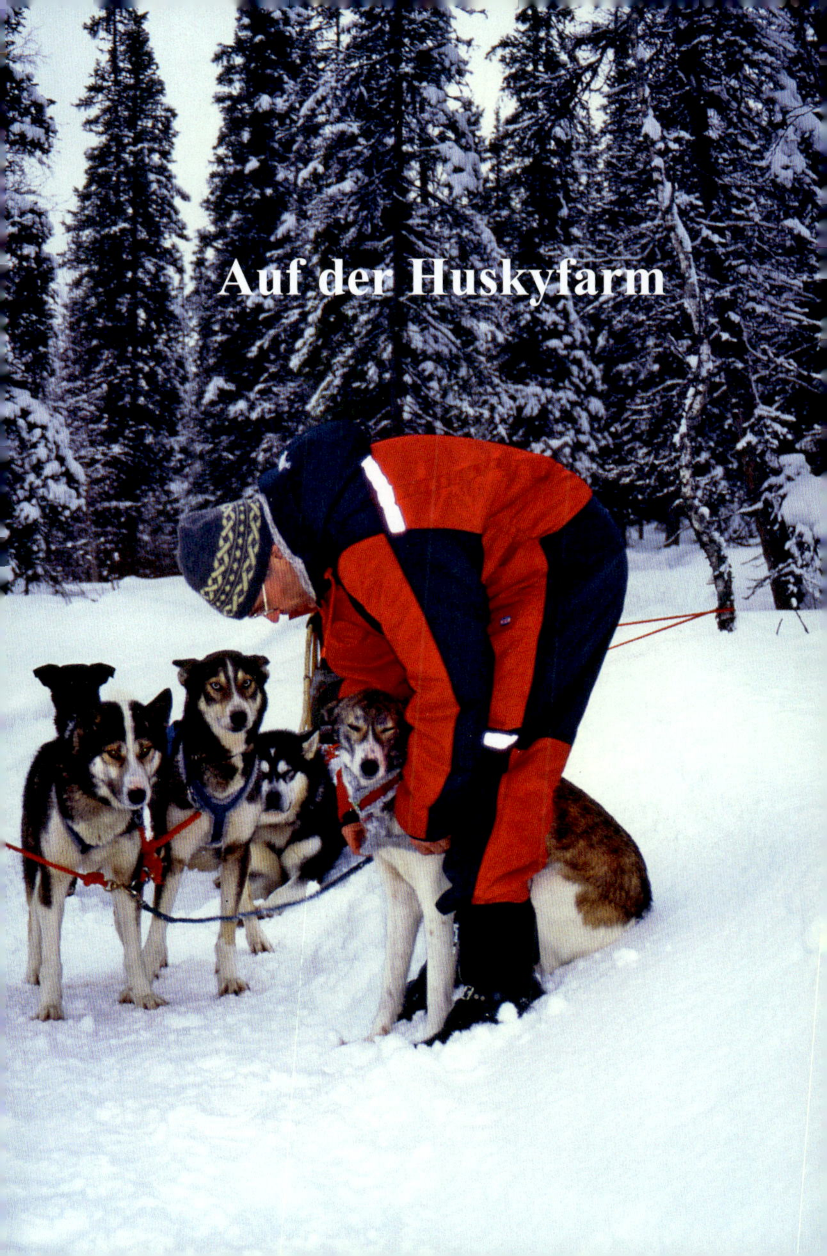

Ein Schlittenhundbesitzer, der im größeren Maßstab Touren organisiert, benötigt natürlich einen entsprechenden „Fuhrpark". Das können schon 50 bis 100 Hunde sein, die in einem **Kennel** (Hundezwinger) leben. Dort stehen unzählige Hütten auf einer meistens umzäunten Fläche, etwa in der Größe eines Fußballfeldes. Nicht alle Tiere sind gleichzeitig einsatzbereit. „Ausgangsverbot" haben z. B. die läufigen oder trächtigen Hündinnen. Außerdem gibt es noch die Welpen und das „Seniorenheim" mit den Hundegreisen, die hier das verdiente Gnadenbrot bekommen.

Auf diese Art der Hundehaltung im Stil einer Huskyfarm trifft man insbesondere in den skandinavischen Ländern, Alaska und Kanada.

Züchter, die so einen großen Kennel führen, sind zu 99 % auch außerordentliche Tierfreunde, bezeichnen ihre Vierbeiner manchmal sogar als ihre große Familie und behandeln die Tiere auch dementsprechend gut. Ohne Tierliebe kann man so einen Job gar nicht längere Zeit erfolgreich ausüben. Aus Profitsucht wird wohl niemand eine Huskyfarm betreiben. Oftmals sind es Musher, die ihr Hobby nach und nach ausgeweitet haben, sodass inzwischen ein Beruf daraus geworden ist, von dem auch die Familie – Mensch und Hund – leben kann. Die Betriebe werden meistens in Familienregie geführt, und nur zur Hauptsaison helfen Angestellte als Hundebetreuer oder Tourenbegleiter aus.

Schon im Spätherbst beginnt mit dem ersten Schnee das intensive **Training**. Rechtzeitig bis zum Beginn der neuen Saison müssen alle Tiere topfit sein. Nach oftmals bis zu 1.000 Trainingskilometern ist dann die Muskulatur ausreichend entwickelt, das überflüssige Fett am Körper abgebaut, die Pfoten widerstandsfähig und so vorbereitet kann es in den Winter gehen. Woche für Woche, häufig nur mit wenigen Ruhetagen, sind die Huskies dann monatelang auf den Beinen. Nicht selten legt ein Tier mehrere Tausend Kilometer in einer Wintersaison zurück.

Solche Leistungen sind für einen durchtrainierten Vierbeiner eigentlich keine Besonderheit. Auch die Hütehunde in Neuseeland oder die Border Collies in Schottland legen während ihrer Arbeit solche Strecken zurück. Allerdings muss ein Schlittenhund nicht nur laufen, sondern gleichzeitig noch ziehen und das bei arktischen Temperaturen.

☺ Häufig ist eine Teilnahme an den Trainingsfahrten möglich. Solche Touren werden dann zu preisgünstigen Vorsaisonpreisen angeboten (z. B. Husky Trainingswoche bei Rucksack-Reisen, Münster).

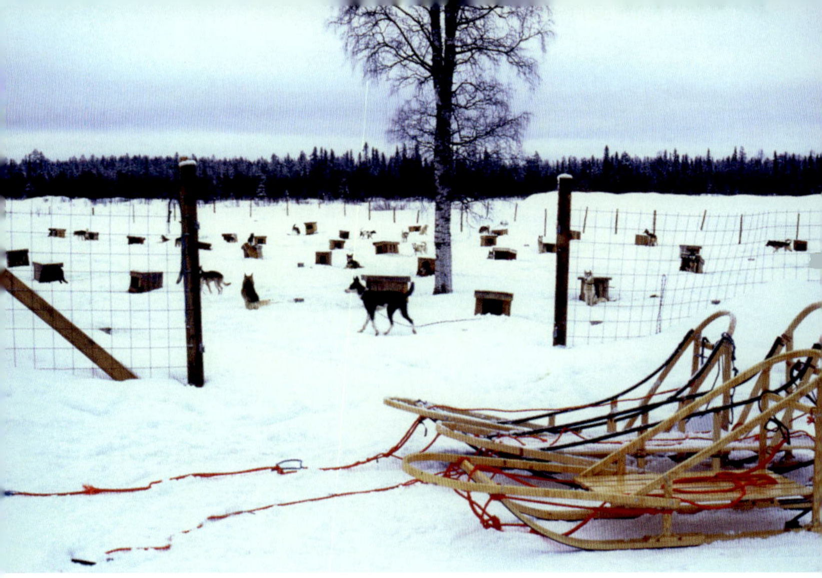

Huskyfarm

☺ Nordische Huskyfarmen suchen oftmals auch Mitarbeiter für die Wintersaison. Nur Begeisterung und guter Wille reichen aber nicht für solch einen Job. Erfahrung mit Schlittenhunden und dem Outdoor-Leben sollten vorhanden sein. Neben Deutsch und Englisch sollten Sie als Bewerber auch die Sprache des Landes etwas beherrschen.

Kommen Sie als Gast auf eine Huskyfarm und betreten während eines Rundgangs zum ersten Mal den Kennel, kann Ihnen bei so vielstimmigem Geheule, Gezerre und blanken, spitzen Hundezähnen schon ganz anders werden. Ein Mensch mit Hundephobie wird garantiert in solchen Momenten die Nerven verlieren und fluchtartig das Gehege verlassen. Doch spätestens wenn Sie den ersten Welpen auf den Arm nehmen dürfen, ist die letzte Berührungsangst genommen und die Liebe zu den Huskies entflammt.

Bei aller Wildheit und allem Geheule kann aber davon ausgegangen werden, dass ausgebildete Schlittenhunde in der Regel gutmütige, charakterfeste Wesen sind und die übermäßige Erregung immer nur eine Ursache hat: Sie wollen möglichst bald ins Geschirr und laufen, laufen und nochmals laufen.

Die Einweisung

Was die Teilnehmer als Minimum an Grundwissen zum Umgang mit den nordischen Hunden benötigen, wird vorab während einer Einweisung beigebracht. Manchmal ist es leider nur ein Kurzlehrgang, der als Crashkurs nur Minuten dauert. In der Regel steht jedoch eine richtige, mehrstündige Schulung auf dem Programm, die meist am Vortag der eigentlichen Tour erfolgt und sogar mit einer kurzen Testfahrt verbunden ist. Themen wie Anschirren, Kommandos, Bremsmanöver, Fahrtechnik usw. werden dabei in Kurzform behandelt.

Doch all die guten Ratschläge und Hinweise können nur Theorie sein und der richtige Lernprozess beim Doghandling beginnt erst in der Praxis – allerdings oftmals nach dem Motto: „Aus Fehlern lernt man“ – was durchaus schon mal schmerzhaft sein kann!

☺ Wer es ganz genau wissen möchte, nimmt an einer speziellen **Musherschulung** teilt. Solche **Husky-Workshops** dauern mehrere Tage und können sogar als Wochenendkurs in der Heimat (z. B. Allgäu, Bayerischer Wald, Harz, Rhön) absolviert werden. Unter fachkundiger Anleitung werden dort im kleinen Teilnehmerkreis auch Themen wie Geschichte der Schlittenhunde, Rassen, Pflege, Ernährung, Ausbildung, korrekte Fahrtechnik usw. behandelt. Besonders für Besitzer von nordischen Hunden sind diese Kurse interessant und lehrreich. Auch wer sich ein oder zwei Tiere für eine Pulkatour ausleiht, um damit allein auf längere Tour zu gehen, sollte sich ebenfalls zuvor intensiv zum Thema Schlittenhund schulen lassen.

Zu einer gründlichen Einweisung gehört auch die Vorstellung der Hunde der einzelnen Gespanne. Zuerst meistens nur theoretisch in Form einer kleinen Namensliste – also die „Mannschaftsaufstellung“. Der Besitzer kennt seine Vierbeiner sehr genau und sollte nicht nur Informationen über Rasse und Geschlecht geben, sondern neben den Stärken auch eventuelle Schwächen der einzelnen Tiere kennen und nennen.

Schlittenhund ist nicht gleich Schlittenhund. Jedes Tier ist – nicht anders als bei uns Menschen auch – ein Unikat und hat seinen eigenen Charakter und seine Eigenarten.

Kommandos und Befehle

In der Welt der Musher und Huskies gibt es so etwas wie eine internationale Sprache. Die bekanntesten Kommandos kommen aus Nordamerika und lauten:

go on, let's go oder **go**	start!, lauf!
stop oder **whoa**	stopp!, halt an!
gee	bieg rechts ab!
waw oder **ha**	bieg links ab!
come gee	wende nach rechts!
come haw oder **come ha**	wende nach links!

Aber nicht alle Hunde verstehen Englisch und so werden sie häufig mit Befehlen in der jeweiligen Landessprache geführt. Huskies in Finnland lenkt man z. B. mit den Kommandos: *mennään* (als Startbefehl) und *seis* (als Aufruf zum Anhalten). Eine norwegische Meute wird bei dem Befehl *venstre* nach links abbiegen – zumindest theoretisch!

Da Vokale vom Hund am deutlichsten verstanden werden, sollten Sie sie besonders betonen und lang ausdehnen. Auch der Tonfall bei einem gegebenen Befehl ist wichtig. Ein lässig dahin gemurmeltes *gee* wird bei dem empfindlichen Gehör der Vierbeiner nicht als wichtiges, ernstzunehmendes Kommando angesehen. Solche Worte müssen schon etwas deutlicher ausfallen.

Kommandos, die zum Laufen auffordern, können Sie ruhig gleich wieder vergessen. Denn laufen wollen Schlittenhunde eigentlich immer. Die Stopp-Befehle führen nur zum Erfolg, wenn sie energisch genug ausgeführt werden und die Hunde ebenfalls der Meinung sind, dass man doch vielleicht einmal anhalten sollte (☞ Der Umgang mit den Hunden).

Ein **Grönlander** dirigiert seine Truppe mit diversen, meist unverständlichen Zurufen und Pfeiftönen. Jeder Qimussersaq (Schlittenlenker) hat dort seinen eigenen Wortschatz, mit dem er die Meute motivieren kann. So hört man Befehle wie *ili, ili* oder *iu, iu* für das Abbiegen nach rechts bzw. nach links. Bei *unigit* hält das Gespann an und nach dem Befehl *ingerlagit* geht's weiter.

Außerdem spielt in Grönland beim Lenken der Hunde die **Peitsche** eine große Rolle. Lässt man diese meterlange „Schmicke" gekonnt dicht neben den Köpfen der Tiere knallen, weicht die Truppe zur anderen Seite aus. Während der Fahrt entscheidet nicht der Musher, sondern das Rudel selbst, wie die Arbeit verteilt wird: wer also beim Fächergespann an den 4-5 m langen Zugleinen in der Mitte läuft und so in vorderster Position Anstrengungen auf sich nehmen muss oder wer vorübergehend an der Seite traben darf, um sich so etwas zu erholen.

Da beim grönländischen Schlitten Anker und Bremse fehlen, muss der Hundeführer das Gespann mit Worten zum Stillstand bringen. Erstaunlicherweise funktioniert diese Methode sehr gut und die Hunde verweilen so lange, bis ein erneutes Startkommando erfolgt – selbst wenn die Pause mehr als eine Stunde dauert.

Fächergespann

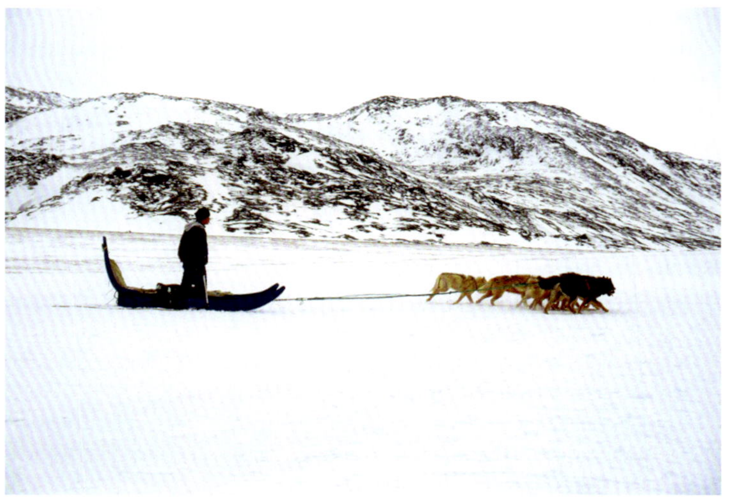

Erstellen des Gespanns

Wird die Tour von einem Motorschlitten mit angehängtem Lastschlitten begleitet, ist das **Verstauen der Ausrüstung** kein großes Thema. Auch gewichtsmäßig muss nicht auf jedes Kilo geachtet werden. Anders, wenn alles auf die Hundeschlitten verteilt wird. Alles, das kann bedeuten: Nahrung für Mensch und Hund, Schlafsäcke, Felle, persönliches Gepäck und die allgemeinen Ausrüstungsgegenstände wie Geschirr, Töpfe, Eisbohrer, Beil, Schaufel, Eimer usw. Kommen noch Zelte dazu oder dauert die Tour längere Zeit, kann es schon eng werden bei der Beladung. Oftmals gibt es deshalb **Gewichtslimits** für die persönliche Ausrüstung, z. B. max. 10 kg pro Teilnehmer.

Bei Langzeittouren werden aber häufig zuvor angelegte **Depots** angesteuert, sodass zumindest nicht alle Lebensmittel und der gesamte Futtervorrat an Bord sein müssen.

Bei der **Verteilung der Lasten** wird bereits das Körpergewicht des Mushers und die Zahl der vorgespannten Hunde berücksichtigt, damit letztlich ein ausgewogenes Verhältnis aus Zugkraft und angehängtem Ballast besteht. 30-35 kg Last pro Hund sind eine gute Richtlinie. Den kräftigen Alaskan Malamuten und Grönländern können auch 40 kg zugemutet werden. Ein zu leichter Schlitten mit zu vielen Hunden kann für einen Anfänger genauso gefährlich sein wie ein total übermotorisierter Kleinwagen. Damit schaffen Sie längst nicht jede Kurve. Ein „untermotorisierter" Hundeschlitten wird dagegen zur Qual für Mensch und Tier, da sich die Hunde schnell verausgaben und der Musher bereits bei der kleinsten Steigung pedalen oder sogar nebenher gehen muss.

Wie viel HS (Hundestärken) das einzelne Gespann haben muss, wird der Hundeführer von Fall zu Fall entscheiden. Er kennt die Leistungsfähigkeit seiner Tiere und das zu befahrende Revier am besten.

Ein leerer Tourenschlitten wiegt ca. 12-20 kg und ein gut eingekleideter Musher zwischen 70 bis 90 kg. Soll das Gespann aus vier Hunden bestehen, kann die Gepäckzuladung noch etwa 20-30 kg betragen. Einem Viererteam können insgesamt als Zuglast 120 bis max. 140 kg zugemutet werden.

☞ Einzelne Veranstalter setzen bei den Teilnehmern Gewichtsgrenzen fest (z. B. maximales Körpergewicht 120 kg).

Das **Gesamtgewicht** eines Schlittens sollte möglichst so bemessen sein, dass ihn auch der Musher noch gut handhaben kann, das heißt, er sollte das Gefährt allein aufrichten können, wenn es einmal umstürzt – was übrigens häufiger vorkommt, als man denkt. Eine zweite Person steht nur in den seltensten Fällen zur Verfügung, da jeder bei seinem Gespann bleiben muss.

Aber nicht immer kann mit leichtgewichtigen Schlitten gefahren werden. Bei völlig autarken Touren, wo alles an Bord sein muss, was innerhalb der nächsten

10 oder 14 Tagen benötigt wird, kann das Schlittengewicht ohne den Musher 100-150 kg betragen. Ein Großteil der Masse besteht allein aus Hundefutter. Acht Tiere fressen in zehn Tagen schließlich ca. 80 kg Fleisch. Bei solchen Schwerlasten ist mind. ein Sechser- oder besser ein Achtergespann erforderlich.

Neben einer **sinnvollen Reihenfolge bei der Beladung** – das, was bei den Pausen benötigt wird, obenauf packen – ist auch die **richtige Gewichtsverteilung** zur Erhaltung der guten Manövrierfähigkeit zu berücksichtigen. Schweres Zubehör, beispielsweise das gefrorene Hundefutter, wird in die Schlittenmitte und möglichst tief über dem Boden deponiert. Das Gefährt darf nicht kopflastig werden! Leichte Gegenstände, wie der Schlafsackbeutel, können vorn, gleich hinter dem Bumper, einen Platz finden.

Den Abschluss bildet eine **Abdeckung mit einer Plane** oder ein paar Rentierfellen. So ist die Ausrüstung gegen Schnee weitestgehend geschützt. Eine entsprechende **Verspannung mit Seilen oder Elastikbändern** ist ebenfalls sehr wichtig und sollte gewissenhaft erfolgen, damit bei einem Sturz nicht gleich die ganze Ladung gut verteilt im Schnee liegt oder während einer Buckelpistenfahrt total verrutscht. Vielfach sind Tourenschlitten mit einem fest installierten Packsack ausgestattet, sodass Schutz und Sicherung kaum Probleme bereiten.

Gibt es einen Lastschlitten, der von einem Schneemobil gezogen wird, besteht die Beladung der anderen Schlitten nur aus dem persönlichen Gepäck und dem Schlafsack. Aus Sicherheitsgründen sollte dieses Daunenbett immer bei dem jeweiligen Musher sein.

Verliert ein Teilnehmer einmal gänzlich den Kontakt zur restlichen Crew – z. B. während eines Schneesturms – und ist eventuell total erschöpft oder verletzt, kann so ein wärmendes Plätzchen lebensrettend sein.

Zur Vorbereitung der Gespanne gehören auch die **Kontrolle** und die richtige **Befestigung** der Haupt- oder Zentralleine an dem Karabinerhaken der Bridle.

Dieser Haken ist das Herzstück des ganzen Zugstranges und muss deshalb besonders im Auge behalten werden. Erstens ist er das Verbindungsstück vom Schlitten zur Zentralleine und zweitens werden daran auch Anker- und Sicherungsseile befestigt.

Die **Sicherung der Schlitten** muss noch erfolgen, bevor das erste Tier eingeklinkt wird. Nur der in den Schnee getretene Anker reicht keinesfalls aus.

Wollen Sie einen ungewollten Frühstart vermeiden, muss das Gefährt nach hinten mit einem Seil an einem stabilen Baum oder Pfahl befestigt werden. Als

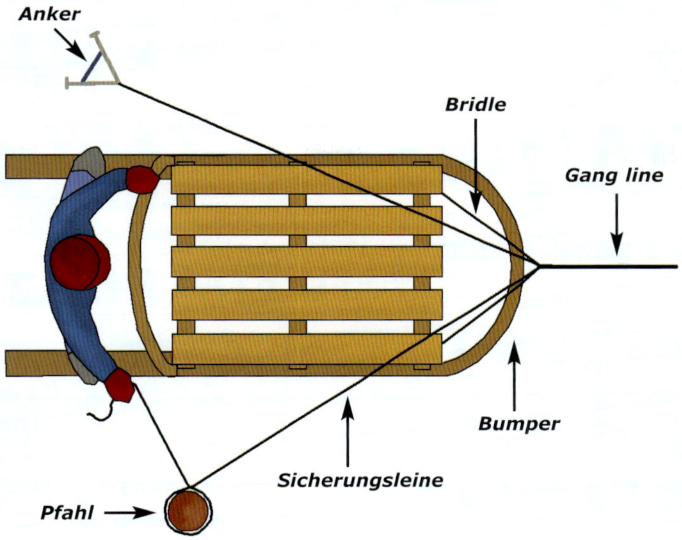

Knoten wählt man am besten einen Slipstek, wobei das lose Ende so lang sein muss, dass Sie es beim Start bequem vom Schlitten aus mit einem kräftigen Ruck lösen können. Diese Art der Anbindung sollten Sie sich von Anfang an gut einprägen und üben, denn sie wird bei jeder größeren Pause notwendig sein.

Eine weitere Sicherungsmöglichkeit ist die Verwendung einer Halteleine mit einem Panic-Snap-Verschluss. Dieser spezielle Haken lässt sich auch bei stärkstem Zug noch mit einem Handgriff lösen.

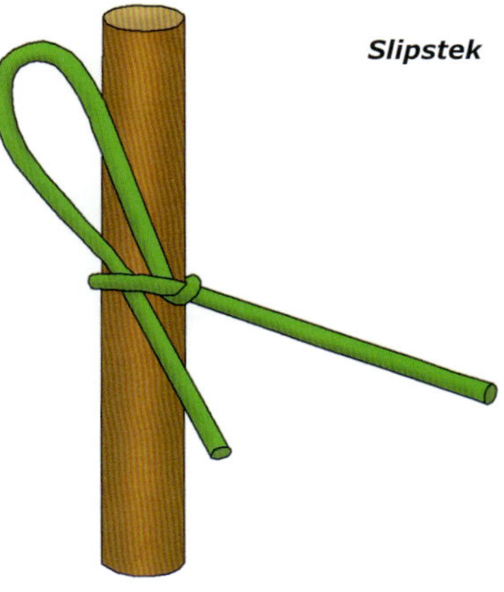

Slipstek

Anschirren der Hunde

Sind die Schlitten gepackt und die Musher eingekleidet, können die Hunde angeschirrt werden. Die Tiere, die Sie am ersten Tag zugeteilt bekommen, begleiten Sie während der gesamten Tour. Nur selten wird der Hundeführer „personelle" Umstellungen vornehmen.

Eine bewährte Mannschaft sollte nicht laufend umbesetzt werden, es sei denn, es fallen Hunde wegen Verletzung oder Läufigkeit aus.

Wurde der „Einkleidungsprozess" der Vierbeiner in der Einweisung bisher nur theoretisch vermittelt, erfolgt nun die lebendige Praxis – und wie lebendig die ist! Ahnen die Huskies, dass es auf Tour geht, bricht das reinste Chaos aus. Ein Geschrei ertönt, als habe jeder Angst, er müsse zu Hause bleiben.

Da die Hunde einen recht unterschiedlichen Körperbau besitzen – der Unterschied beginnt schon bei Hündin/Rüde –, werden verschiedene **Zuggeschirre** benötigt. Die „Arbeitskleidung" muss exakt sitzen! Es existiert sogar eine richtige Konfektionsgrößentabelle für Hunde. Halsumfang, Rückenlänge und Körpergewicht sind dabei die entscheidenden Maße. Das Geschirr – meistens aus breiten Synthetikgurten gefertigt, die an den wichtigen Stellen noch gepolstert sind –

Hund mit X-back-Geschirr

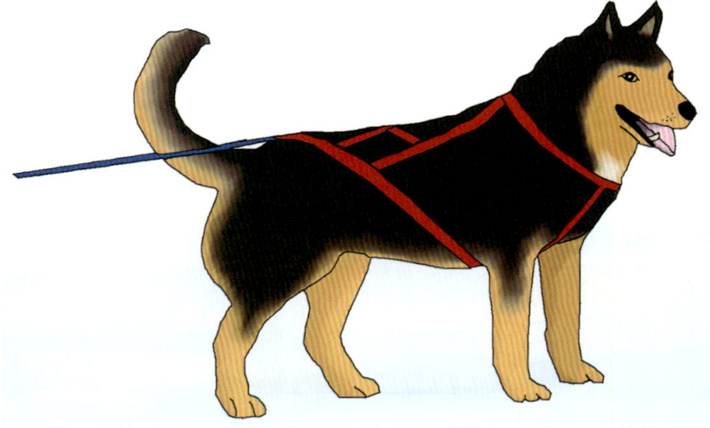

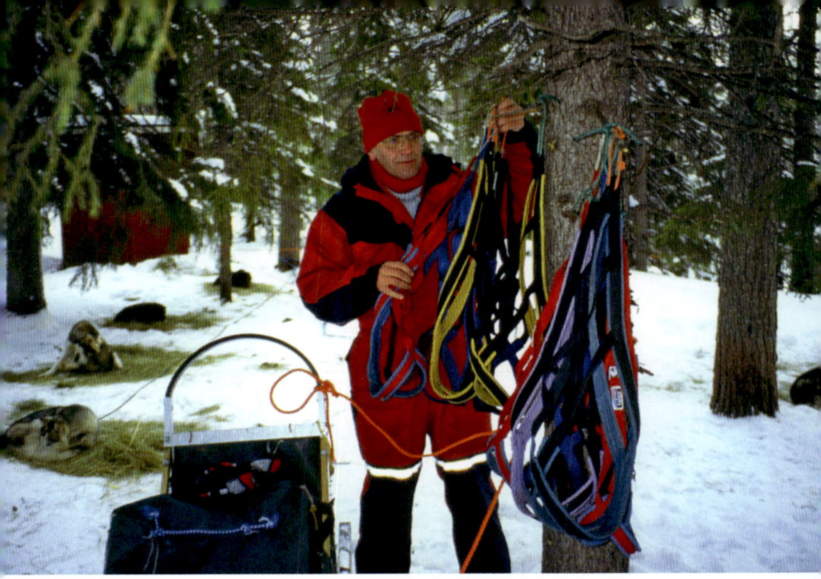

Jeder Hund hat sein eigenes Geschirr

muss dem Tier genügend Raum bieten, damit es sich darin frei und ohne Einengung bewegen kann. Gerade im Halsbereich darf es nicht abschnüren. Andererseits sollte es auch nicht zu locker sein, denn sonst würden sich die Vierbeiner in den Pausen möglicherweise den „Anzug" unaufgefordert ausziehen.

☺ Manchmal sind die Geschirre sogar mit den Namen der Hunde gekennzeichnet, sodass die Zuordnung keine Probleme bereitet. Ist dies nicht der Fall, sollten Sie sich, nachdem für alle Hunde ein ideales „Leibchen" gefunden wurde, eine kurze Notiz machen, welches Tier welches Geschirr trägt. Da die Teile normalerweise verschiedene Farben haben (jede Farbe steht zumeist für eine bestimmte Größe), bereitet die Zuordnung so an den nächsten Tagen keinerlei Schwierigkeiten und die lästige Anprobiererei entfällt.

Haben Sie „Ihren" Hund gefunden, lösen Sie ihn von der Kette und versuchen, ihm das bereitgelegte Geschirr anzulegen. Beginnt die Tour außerhalb der Huskyfarm, kann es auch sein, dass sich die Tiere in speziellen Hundetransportern befinden. Haben Sie den gewünschten Vierbeiner in einer der Boxen erkannt, holen Sie ihn vorsichtig heraus. Wie viel Kraft in diesen Körpern steckt, merken

Sie bereits, wenn Sie das Tier vom Lagerplatz zum Schlitten führen. Bereitet es Ihnen Probleme, den Hund zu halten, heben Sie ihn am Halsband hoch, denn sobald die Vorderläufe in der Luft rudern, ist auch die meiste Kraft genommen. Auf zwei Beinen lässt er sich gut zum Schlitten führen.

Immer gilt die Regel: Noch vor dem Losketten als erstes das Halsband ergreifen und dieses frühestens wieder loslassen, wenn das Geschirr richtig angelegt wurde und die Zugleine an der Hauptleine eingeklinkt ist!

Während der Einkleidung klemmen Sie sich den in solchen Momenten besonders temperamentvollen Hund am besten einfach zwischen die Beine. Jedoch nur so fest, dass keine Schmerzen für das Tier entstehen. Beim Anschirren bedarf es anfangs zwar immer wieder einiger Überlegung und missglückter Versuche, aber dann sind Kopf und Beine dort, wo sie eigentlich hingehören. Nach drei Tagen Hundeschlittentour geht einem das „Satteln der Hunde" bereits leichter von der Hand als das Binden einer Krawatte (das ist zumindest meine Erfahrung).

Am Geschirrende wird mittels Karabinerhaken die **Zugleine** (*tug line*) eingeklinkt. Bei paarweise laufenden Hunden wird noch mit der kurzen **Halsleine** (*neck line*) eine Verbindung vom Halsband zur Hauptleine erstellt. So laufen die beiden Tiere schön parallel und können nicht beliebig zur Seite ausbrechen.

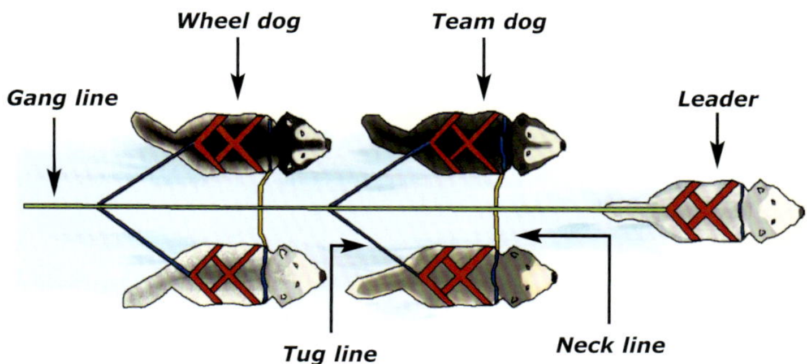

Läuft auch der Leithund als Paar *(double lead)*, wird man bei den beiden führenden Hunden auf diese Halsleine verzichten. Während einer Walddurchfahrt kann es passieren, dass die vorderen Tiere aus Versehen links und rechts an einem Baum vorbeilaufen wollen.

Bei so einem Missgeschick würde eine Halsleine das Gespann abrupt abbremsen und es besteht die Gefahr, dass die Hunde mit den Köpfen zusammenschlagen oder gegen den Baumstamm geschleudert werden.

Theoretisch ist das Anschirren einer Huskymeute eine recht einfache Angelegenheit, aber ohne Zwischenfälle – meist harmlose Beißereien oder Raufereien – geht diese Zeremonie nur selten über die Bühne.

Der kurze Augenblick vom Anleinen bis zum Start ist der Moment am Tag, an dem der meiste Schweiß fließt.

Es muss immer verhindert werden, dass die Vierbeiner ihre Kollegen von einem anderen Gespann erreichen. Mit der Kollegialität unter den Huskyteams ist es nicht weit her und ein persönliches Zusammentreffen endet häufig als blutiger Bürgerkrieg mit reichlich Verletzten.

Soll ein Hund vor einen **Pulkaschlitten** gespannt werden, bekommt er ein spezielles Geschirr. Diese Chummets sind meist aus festem Leder gefertigt und dienen zur Aufnahme der Zugstangen.

Beim Anschirren einer Hundemeute in **Grönland** bleiben Sie besser nur Zuschauer, und das aus sicherer Entfernung. Eine Mithilfe wird vom Hundeführer keinesfalls erwünscht und kann für einen Fremden lebensgefährlich sein. Am besten halten Sie sich hinter dem Schlitten auf und bleiben dort, bis Sie gebeten werden, auf dem Gefährt Platz zu nehmen.

Bei den **Fächergespannen** sind die einzelnen Zugleinen mehrere Meter lang und besitzen am Ende jeweils eine Öse. Durch dieses Bündel aus 8 bis 15 Ösen – je nach Zahl der angespannten Hunde – zieht der Schlittenführer eine kurze Leine und verknotet sie mit der Zugvorrichtung am Schlitten. Müssen die Zugstränge einmal entwirrt werden, kann man während einer Pause diesen Knoten schnell lösen und die Seile problemlos sortieren.

Der Start

Bei den skandinavischen und nordamerikanischen Huskies können Sie sich während der Wartezeit bis zum Start ruhig unter „Ihre" Hunde mischen und erste Kontaktpflege betreiben. Auch im erregten Zustand sind sie für Streicheleinheiten und ein paar liebe Worte zugänglich. Da es in einer Mannschaft so etwas wie eine Rangordnung gibt, beachten Sie besser diese Hierarchie und widmen sich vorrangig dem Leithund. So sammeln Sie beim Chef der Meute noch ein paar Pluspunkte für die zukünftige Zusammenarbeit.

☺ Den Namen des Leittieres sollten Sie sich gleich von Anfang an einprägen, denn „the leader of the gang" erwartet schon eine persönliche Anrede.

Wird der begleitende Motorschlitten gestartet oder geht der Hundeführer mit dem Leitschlitten als Fährtenleger und Schrittmacher auf die Strecke, blickt alles, was vier Beine hat, nur noch in diese Richtung. Jetzt beginnt auch für den Hobbymusher der Ernst des Lebens, denn mit ein paar Hundert Metern Abstand startet Schlitten auf Schlitten. Dass Sie in solch einem Augenblick als Neuling mit leicht zitternden Knien hinter Ihrem Gefährt stehen, ist ganz normal.

Starten, das bedeutet den Anker aufnehmen, sich auf die Kufenenden begeben, eine Hand an den Haltebügel legen und mit der anderen mit kräftigem Ruck den Slipstek der gespannten Halteleine lösen. Jetzt schnell den Haltebügel beidhändig greifen, denn katapultartig schießt der Schlitten vorwärts.

Ein Startkommando ist bei einer ausgeruhten Meute nicht notwendig. Schlagartig verstummt das Geheule und die Hunde spurten los. In nur wenigen Sekunden erreichen sie die Spitzengeschwindigkeit (ca. 30 km/h).

Gerade auf den ersten Kilometern geben sich die Vierbeiner keinerlei Mühe, ihr *desire to go* (das immer vorhandene Verlangen zum Rennen) zu verbergen. Auch von der Fußbremse lassen sie sich nicht beeindrucken und mit Kommandos versuchen Sie es bei einem frisch gestarteten Gespann besser erst gar nicht. Es hört sowieso keiner hin.

Da bleibt also nichts anderes übrig, als sich fest an den Haltebügel zu klammern und zu hoffen, dass es die nächste Zeit immer nur geradeaus geht. Einen Sturz vom Schlitten würden die Hunde gar nicht beachten, denn auf den Musher als lästigen Beifahrer können sie gut und gern verzichten.

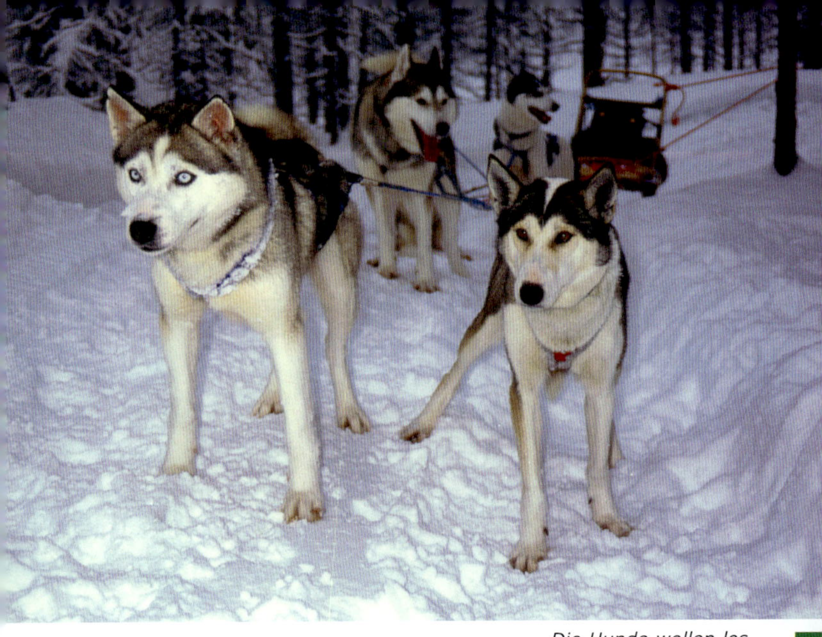

Die Hunde wollen los.

Haben Sie die ersten Kilometer ohne Sturz oder sonstige Probleme glücklich überstanden, wird auch der Angstschweiß merklich geringer. Man steht schon recht locker und nicht mehr so verkrampft auf den Kufen. Lässt die anfängliche Power der Tiere dann etwas nach, pendelt sich die Reisegeschwindigkeit auf ca. 10 bis 15 km/h ein und Sie können die Fahrt durch die Winterwelt so richtig genießen.

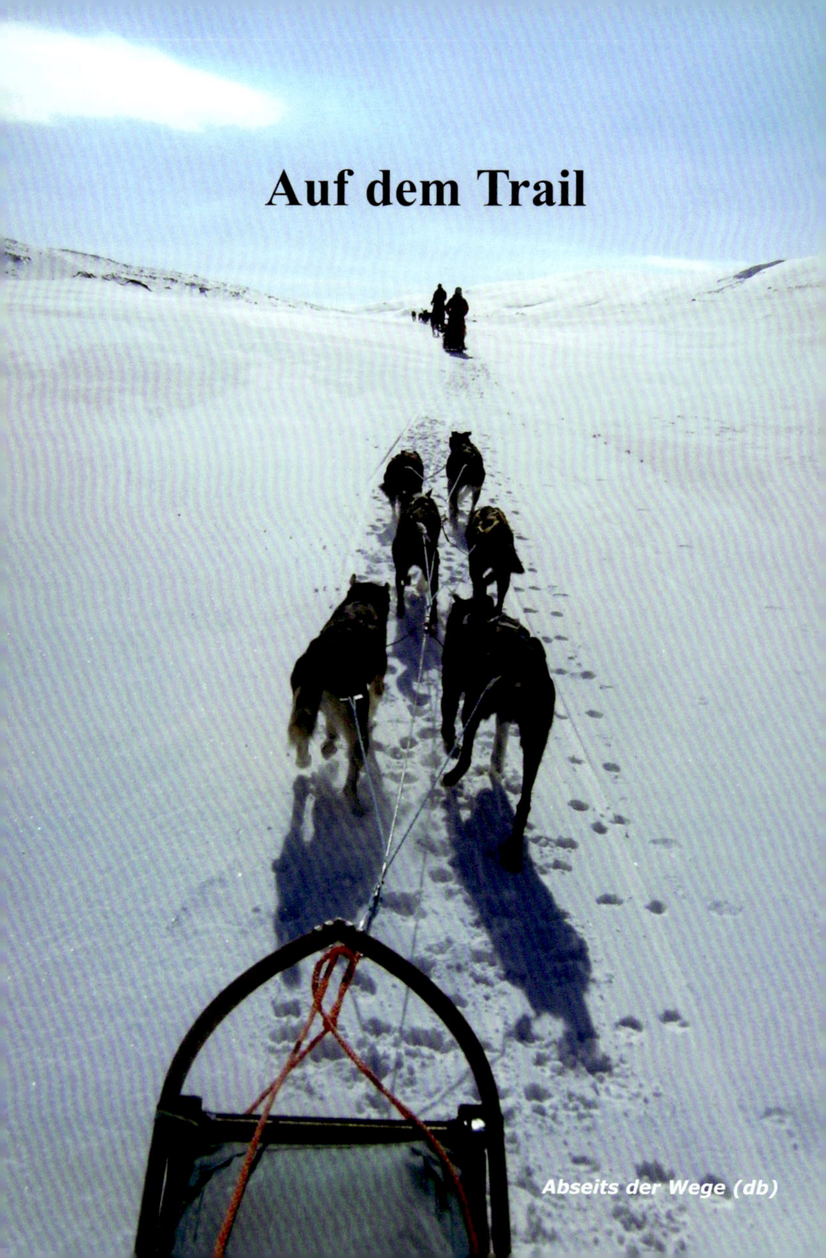

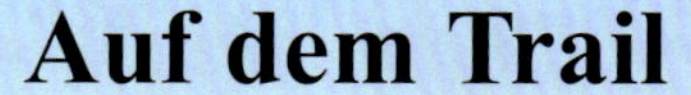

Abseits der Wege (db)

Ist ein Team mit Musherneulingen unterwegs, wird der Hundeführer als guter Organisator eine Streckenführung wählen, die er je nach der Belastungsfähigkeit der Teilnehmer kürzen oder verlängern kann. Gerade am ersten Tag gibt es oft Probleme, bei denen Sie als Laie immer noch die fachmännische Hilfe eines erfahrenen Hundeführers benötigen. Deshalb werden regelmäßig **Kurzpausen** eingelegt, in denen sich der Hundeführer bei einem Check-up überzeugt, das alles okay ist. Zeitdruck und Kilometerfresserei sollten nicht sein.

Kommt der Konvoi nur langsam voran oder haben einzelne Teilnehmer Probleme mit der Kondition – meistens sind davon nur die zweibeinigen Teilnehmer betroffen –, wird ein kurzer Weg zum Quartier gewählt. Läuft es gut, bleibt sicherlich Zeit für ein paar Umwege.

☺ Auch wenn Sie als Team unterwegs sind, gibt es so etwas wie einen „**Kapitän**“. Das ist immer der Hundeführer, der als Guide alle tourenrelevanten Fragen entscheidet, egal, ob es sich dabei um die Hunde, den Trail oder einen Zeitplan handelt. Als Musher sollten Sie seine Entscheidungen ohne große Diskussionen akzeptieren.

Die Fahrtechnik

Normalerweise wird im **Konvoi** gefahren. Vorweg das Schneemobil oder der Leitschlitten des Hundeführers als Trailbreaker und Fährtenleger. In gebührendem Abstand folgen die Schlitten der Hobby-Musher. Dabei ist es sinnvoll, dass in der Poleposition (hier ist das führende Gespann gemeint) ein ruhiges Team läuft. Als Schrittmacher sorgt es dann mit gleichmäßigem Gang für eine weitgehend konstante Geschwindigkeit im Konvoi.

Bei der einzuhaltenden Distanz zwischen den einzelnen Schlitten gibt es keine feste Empfehlung, der nächste Schlitten sollte aber möglichst in Sichtweite sein. Auch wenn sich die Reihe der Teilnehmer einmal so weit auseinanderzieht, dass der Kontakt zu den Gefährten abreißt, brauchen keine Angstgefühle aufkommen. Der Anschluss geht nie gänzlich verloren, denn ein guter Leithund findet unter normalen Bedingungen immer den Trail.

Ist das Gespann in Fahrt und das Gelände problemlos, hat der Musher einen leichten Job. Schnell bekommen Sie ein Gefühl für ihren Arbeitsplatz auf den Kufenenden. Sie hören nur das Hecheln der Hunde und das Knirschen der Kufen

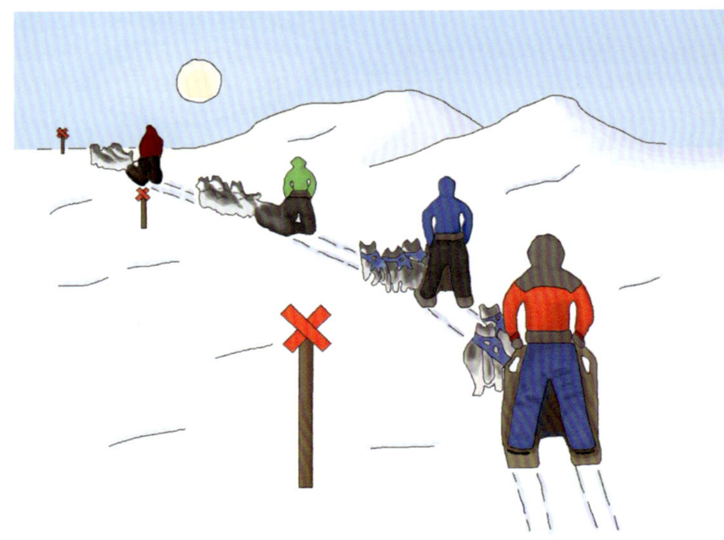

Fahren im Konvoi auf markierten Skootertrassen

– so hat man sich Hundeschlittenfahren im Traum immer vorgestellt. Doch die Wirklichkeit ist noch beeindruckender! Eine traumhafte Wirklichkeit, die sicherlich bei jedem Teilnehmer unvergessliche Eindrücke hinterlässt.

Aber es gibt auch Momente, wo Träumerei fehl am Platz ist und Sie sich voll und ganz auf die „Arbeit" konzentrieren sollten. Unfälle oder sonstige Zwischenfälle sind sonst vorprogrammiert. Besonders schnelle Kurvenfahrten wollen gelernt sein. Also keine unnötigen Experimente und lieber vorher zur Geschwindigkeitsreduzierung auf die Bremse treten.

Es dauert eine gewisse Zeit, bis Sie als Neuling das richtige Balancegefühl bekommen, wie Sie eine Kurve ausdriften, die Kufen unterschiedlich belasten und den Körper dabei als Gegengewicht einsetzen. Alles Techniken, die theoretisch jedoch nur sehr schwer zu erklären sind. So etwas erlernen Sie nur in der Praxis: *Learning by doing!*

Der Trail

Wo vorhanden, werden **Waldwege**, **vereiste Flussläufe** oder **Skootertrassen** als Trail benutzt. Ist dies nicht möglich, geht es einfach quer durch die verschneite **Wildnis**. Falls die Piste von einem Motorschlitten gespurt wird, sind die Unterschiede zwischen einer festen Altschneedecke und losem Neuschnee nicht so gravierend. Den Hunden wird immer ein gut planierter, fester Untergrund geboten, sodass kaum Laufprobleme entstehen.

Auf den mit hölzernen Andreaskreuzen markierten Skootertrassen sind Sie meistens nicht allein unterwegs. Leider nehmen die Motorschlittenfahrer teilweise nur wenig Rücksicht, wenn sie einem Hundeschlitten begegnen. Passiert so ein knatterndes Gefährt mit *full speed* einen Hundeschlitten, können Sie nur hoffen, dass die Tiere Nervenstärke beweisen, Ruhe bewahren und nicht in die Fahrtspur springen.

Ungespurte Pfade bedeuten gerade für das führende Gespann – besonders bei loser Schneedecke – ein oft mühsames **Trailbreaking**. Das kostet Kraft und

Unterwegs auf einen zugefrorerem See

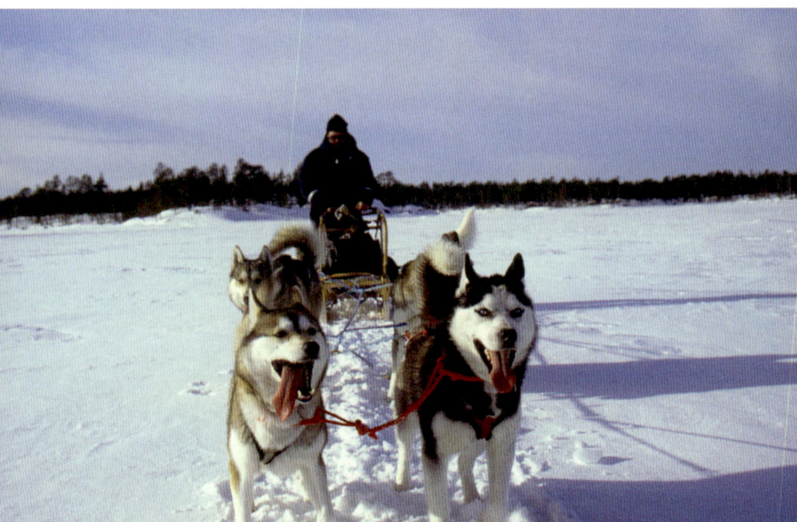

reduziert enorm die Geschwindigkeit. Im Extremfall muss sogar eine Person mit breiten Schneeschuhen vorausgehen, um den Weg zu markieren: eine recht mühsame und schweißtreibende Angelegenheit, aber irgendeine Spur zur Orientierung benötigt jeder Leithund.

Schnee ist nicht gleich Schnee und jedes Gelände hat seine Eigenarten, die beim Befahren zu berücksichtigen sind.

Im Wald

Waldwege haben es oft in sich, zumal sie häufig recht kurvenreich und bucklig sind. Ein Slalomkurs in einem Parcours aus Kiefern oder Birken wird von den Hunden oft im „vollen Galopp" angegangen. Der Musher sollte mittels Bremse immer wieder versuchen, die Geschwindigkeit auf ein vertretbares Maß zu reduzieren. Dies kann aber nur in Momenten geschehen, in denen der Pfad gerade und eben ist.

In Kurven oder beim „Abreiten" einer Buckelpiste ist es sinnvoller, mit beiden Beinen fest auf den Kufenenden zu stehen. Der Haltebügel wird am besten etwas weiter in der Mitte angefasst, denn mitunter pendelt der Schlitten und schlägt dann unsanft gegen den einen oder anderen Baum. In solch einem Moment sollten Sie nicht Ihre Hände zwischen Holm und Stamm bekommen.

Vorsicht ist auch bei **niedrigen Ästen** geboten. Rechtzeitiges Bücken ist wichtig, sonst peitschen Ihnen die schneebedeckten Zweige nur so um die Ohren und der losgelöste Schnee rieselt als erfrischende Zugabe noch in den Nacken. Gerade ein Brillenträger muss bei tiefhängenden Ästen gut aufpassen. Schnell liegt die Brille im Schnee und nur mit großem Glück finden Sie sie unbeschädigt wieder. Deshalb ist eine Reservebrille bei einer Tour sinnvoll.

Bei Tiefschnee im bewaldeten Gebiet kann es Probleme geben, wenn sich unter dem Schnee noch Gehölz befindet. Verhaken sich die Leinen an solchen verschneiten Ästen und die Hunde können sich nicht selbst befreien, muss der Musher eingreifen, das heißt, sich im knie- oder hüfttiefen Schnee zu den Hunden vorkämpfen und die Leinen sortieren. Wiederholt sich dieses Spielchen mehrmals, kann es in richtige körperliche Arbeit ausarten.

Im Gebirge

Tückisch sind auch Gebirgspfade. Durch kaum sichtbare Felsen unter der Schneedecke bekommt der Schlitten plötzlich eine beängstigende Schräglage. Zum Gewichtsausgleich muss das Körpergewicht dann schnell verlagert werden oder Sie küssen unweigerlich den Schnee. Bei leichten Steigungsstrecken ist immer wieder zur Entlastung der Tiere das **Pedalen** angesagt, also das Abstoßen mit einem Fuß. Geht es richtig bergauf, hilft nur noch absteigen und hinter dem Gespann herlaufen. Doch mit dem entlasteten Schlitten sind die Hunde oft wieder so schnell, dass Sie kaum folgen können.

Jetzt ist Kondition gefragt! Beim Laufen niemals den Holm loslassen! Schneller als gedacht haben die Hunde einen unaufholbaren Vorsprung. Ist der Schnee dann noch locker, laufen Sie nicht mehr, sondern stolpern förmlich hinter dem Gespann bergan. Oben angekommen hängt Ihnen die Zunge weiter aus dem Hals als den Huskies.

Pedalen dient zur Entlastung der Hunde an Steigungsstrecken

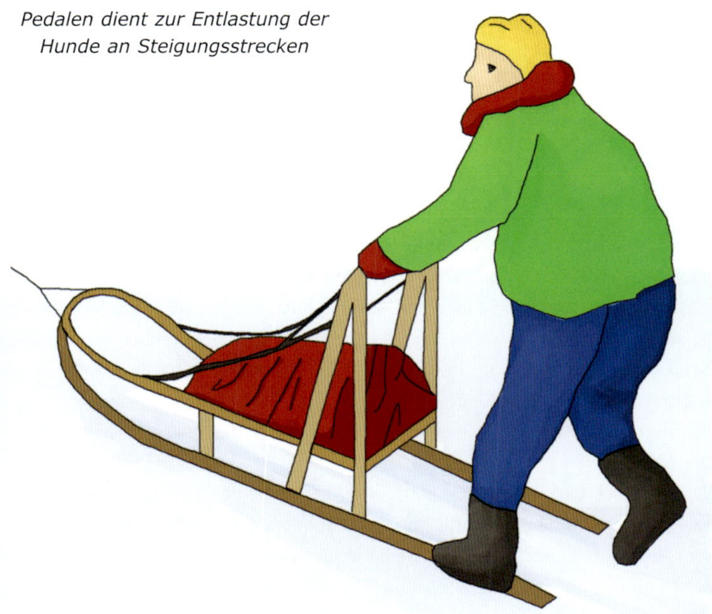

Ist der Anstieg extrem, kann es nötig werden, den Hang schräg anzufahren oder im Zickzackkurs zu erklimmen. Trotz massiver Mithilfe durch den Musher kann es dabei vorkommen, dass sich die Tiere total verausgaben und kapitulieren. Dann hilft nur eine Erholungspause. Doch ein erfahrener Hundeführer wird es erst gar nicht so weit kommen lassen und gerade bei anstrengenden Gebirgstouren das richtige Verhältnis aus Kurzpausen und Arbeit finden. Aber meistens haben die Zweibeiner eher ein Pausenbedürfnis als die Vierbeiner.

Doch wo es bergauf geht, geht es auch irgendwann wieder bergab – diese Weisheit gilt auch im hohen Norden. Gefällstrecken können zum reinen Speedrace werden. Ist die Piste vereist, hat der Trail Ähnlichkeit mit dem Eiskanal einer Bobbahn. Bei so einem Abfahrtslauf erreichen die Hunde ungewohnt hohe Geschwindigkeiten. Doch häufig ist der Schlitten noch schneller als die Tiere und ohne gefühlvolles Abbremsen besteht die Gefahr des Auflaufens.

Kritisch sind die Stellen, an denen es vom Gefälle wieder in die Ebene geht, z. B. von einem Waldhang auf einen vereisten See hinaus. Der Schlitten ist durch die Gefällstrecke relativ schnell, doch am Übergang vom Land zum Eis haben sich hohe Schneewehen gebildet. Die Hunde versacken und finden keinen festen Grund zum Abstoßen. Passt der Musher nicht auf und bremst den Schlitten nicht rechtzeitig ab, rutscht das Gefährt mit Schwung über die im Schnee steckenden Huskies und kann sie böse verletzen.

Im Tiefschnee eingebrochenen Hunden können Sie nur selten behilflich sein – allenfalls mit antreibenden Worten. Steigen Sie vom Schlitten, stehen Sie selbst hilflos bis zur Hüfte im Schnee und haben Mühe, wieder auf die Kufenenden zu gelangen. Doch selbst wenn anstelle der Hundekörper nur noch eine quirlige Schneemasse zu sehen ist, besteht kein Grund zur Besorgnis. In solchen Situationen mobilisieren die Hunde ungeahnte Kräfte. Stück für Stück kämpfen sie sich mit ihrem „permanenten Allbeinantrieb" frei und plötzlich ruckt der Schlitten wieder an.

Auch bei **Grönlandtouren** wird oftmals in sehr steilem Gelände gefahren. Bergauf heißt es dann auch für den Passagier absteigen, um die Tiere zu entlasten. Bergab beherrscht man dort eine interessante Technik. Die Hunde werden vom Führer hinter den Schlitten dirigiert und bremsen so während der Gefällstrecke das Gespann ab.

Auf dem Eis

Große Eisflächen – Seen oder Flüsse – sind im Allgemeinen leicht zu befahren. Da es überwiegend geradeaus geht, niemals bergauf oder bergab, ist es ein ideales Revier für den Anfänger. Doch zuweilen trügt der Schein. Von Ferne betrachtet sieht eine schneebedeckte Eisfläche oft glatt und eben wie ein weißes Tischtuch aus. Aber unter den Kufen erweist sie sich oftmals als rubbeliges Waschbrett, denn die Kräfte des Windes hinterlassen eigenartige Muster auf der Schneeoberfläche. Diese erstarrten Wellen, Stufen und Löcher sorgen für ein besonders „bewegendes" Fahrgefühl. Geht es mit entsprechendem Tempo über das Eis, werden pausenlos harte Schläge unbarmherzig an die Wirbelsäule weitergeleitet und selbst wenn die Kufenenden mit einem Antirutschbelag versehen sind, ist es schwer, bei diesen Vibrationen die Füße in der richtigen Position zu halten.

Oftmals hat der Wind den Schnee ganz verweht, sodass **blanke Eisflächen** überquert werden. Hinterlässt der Vordermann keine Spuren, bewegen Sie sich wieder auf hartem Eis. Nun heißt es, den Haltebügel fester in die Hände zu nehmen. Ungespurt pendelt der Schlitten leicht hin und her, als wolle er den Musher abschütteln. Kommt noch starker Seitenwind hinzu, fährt man versetzt zu den Hunden. Erstaunlicherweise haben die Tiere hier keine Laufprobleme – im Gegenteil: Mit ihren „Spikes", den Krallen, erreichen sie enorme Geschwindigkeiten. Auf blankem Eis bestimmt meistens die Hundetruppe das Tempo, denn Bremse und Anker sind auf diesem Untergrund fast nutzlos. Längere Stopps sind kaum möglich. Reduziert das Hundeteam aber plötzlich freiwillig die Geschwindigkeit, ist die Gefahr für einen Auffahrunfall besonders groß und es passiert dann schon manchmal, dass die Wheeldogs Bekanntschaft mit dem Bumper machen.

Bei fließenden Gewässern, besonders am Anfang oder Ende des Winters, stellt sich häufig die Frage: **Ist das Eis überhaupt tragfähig?** Ein guter Wildnisführer wird das Revier gut genug kennen und keine Experimente mit seinen anvertrauten Gespannen unternehmen.

Mit Vorsicht zu befahren sind auch Stellen, wo ein Fluss in einen See mündet. Denn bedingt durch Strömungen und wechselnden Wasserstand kann dort selbst dickes Eis tückische Risse aufweisen. Ist die Schneedecke gelb oder bräunlich verfärbt, ist dies meistens ein untrügliches Zeichen, dass Wasser an die Oberfläche dringt, den Schnee antaut und so richtige Matschlöcher entstehen.

Selbst wenn keine direkte Gefahr für einen Einbruch vorhanden ist, sollten Sie diese „Sümpfe“ tunlichst meiden. Hunde mit total nassem Fell und durchfeuchtete Stiefel sind sonst das Ergebnis. Bei reichlich Minustemperaturen weder für Hund noch Mensch eine angenehme Situation.

Will ein Gespann eine Eisfläche nicht überqueren oder ändert der Leithund mitten auf dem Eis die Richtung, hat das meistens einen triftigen Grund. Hunde ahnen instinktiv offene Spalten. Sie sollten sie dann gewähren lassen und sie auch nicht zwingen, einen anderen Weg einzuschlagen.

Auf dem Eis

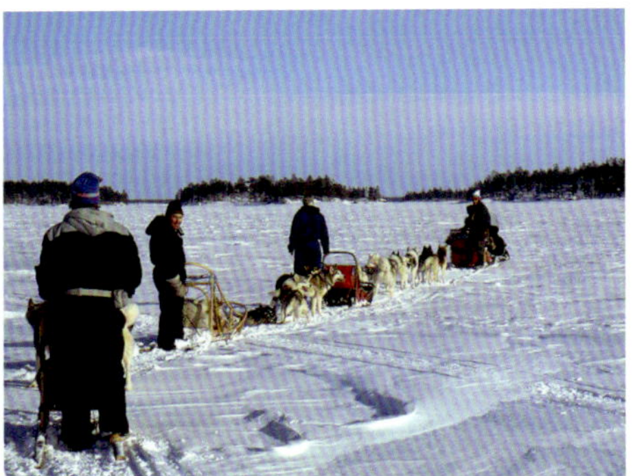

Außerdem kann man Huskies kaum zu etwas zwingen, was sie partout nicht wollen! Gerade bei den Grönlandhunden ist der Instinkt noch deutlich ausgeprägt und für einen Inuit gibt es kein besseres „**Frühwarnsystem**“, wenn er mit seinem Gespann auf den unendlichen Eisflächen unterwegs ist.

Doch gerade bei **Grönlandtouren** auf Meereseis können nicht alle Spalten umfahren werden. Ist der Riss nicht zu breit, wird der Leithund ans andere Ufer geworfen und die restliche Meute folgt mehr oder weniger freiwillig. Allerdings nimmt mancher Hund bei solcher Aktion ein kühles Bad, was er aber gesundheitlich durchaus unbeschadet übersteht.

Da die Schlitten sehr lang sind, können selbst 1 m breite Spalten problemlos überquert werden. Bei größeren Wasserflächen wird das komplette Gespann auch schon einmal auf eine größere Eisscholle dirigiert, die dann als „Fähre“ zum anderen Ufer dient.

Häufig muss in Grönland buckliges **Packeis** überquert werden. Dann sollten die Beine unbedingt komplett auf dem Schlitten liegen, sonst riskieren Sie Klemmungen zwischen Kufen und Eisklumpen. Auch die Hände müssen vom Schlittenrand fernbleiben und halten Sie sich besser an den quer über den Schlitten gespannten Schnüren fest.

Nachtfahrten

Eine Etappe wird nicht unbedingt durch die Dauer des Tageslichtes vorgegeben. Gerade in den Gebieten nördlich des Polarkreises sind im Zeitraum Dezember bis Anfang Februar Fahrten bei Dämmerung oder Dunkelheit gar nichts Ungewöhnliches.

☺ Touren im diffusen Licht der *Kaamos*-Zeit (**Polarnacht**) haben übrigens ihren besonderen Reiz. Dieses befremdende Zwielicht, das am Tage die Winterwelt in ein gedämpftes Blau hüllt, aber auch oftmals zur Mittagszeit zarte Violett- oder Rosatöne an die Himmelsleinwand zaubert, sorgt für eine märchenhafte Atmosphäre.

Gegen die Sonne

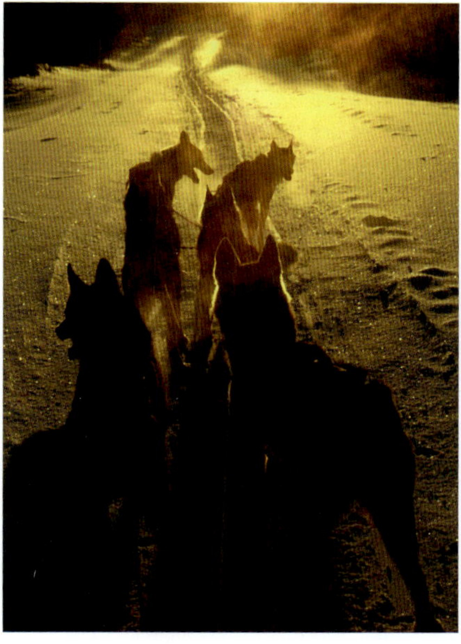

Auch des Nachts besteht nicht unbedingt Fahrverbot. Bei klarem Himmel und der weißen Landschaft reicht schon der **Mondschein** zur Orientierung vollkommen aus. Wenn dann noch das *Aurora borealis* (**Nordlicht**) mehrfarbig flackernd den Polarhimmel erhellt und sich auf den weißen Schneeflächen spiegelt, sind Sie mittendrin in einem fast unbeschreiblichen, phänomenalen Naturschauspiel.

Doch als „Arbeitsbeleuchtung" reichen die Lichter der Natur leider nicht immer aus und so muss ein Musher öfter zur Lampe greifen.

✋ Wer solch eine Tour während der dunklen Jahreszeit unternimmt, sollte sowohl mit einer **Stirnlampe** als auch einer leuchtstarken **Taschenlampe** ausgerüstet sein. Stirnlampen sind sehr hilfreich, da für die meisten Arbeiten dringend beide Hände benötigt werden.

Orientierung und Streckenführung

Der begleitende Hundeführer ist in der Regel auch ein ortskundiger Wildernessguide, sodass die Orientierung in der Regel keine Probleme bereitet – zumal es heißt, dass die „Kinder der Wildnis" bereits mit einem Kompass im Kopf geboren werden. Allein hätten Sie ohne entsprechende Hilfsmittel wohl echte Schwierigkeiten, einen festen Kurs einzuhalten. Unendliche Wälder, weite Hochgebirgsflächen oder Eislandschaften bis zum Horizont bieten nur wenig markante Punkte zur Orientierung.

Wer ohne ortskundige Begleitung unterwegs ist, z. B. während einer Pulkatour, sollte gutes **Kartenmaterial** mitführen. Für Grönland und Skandinavien kann man die Karten bereits in Deutschland kaufen. Maßstäbe für Skandinavien betragen je nach Land und Gegend 50.000 oder 100.000, für Grönland 100.000 oder 250.000. Karten für Kanada und Alaska besorgt man sich auf jeden Fall vor Ort.

Da in der Regel nur begrenzt feste Wege oder Pfade zur Verfügung stehen, ist auch ein guter **Kompass** wichtig. Allerdings müssen Sie damit auch vernünftig umgehen können, sonst nützt so ein Gerät nur wenig.

Wie bei allen Ausrüstungsgegenständen, die harten Belastungen ausgesetzt sind, gilt auch hier die Regel: „Spielzeug" hat bei Outdoor-Touren nichts zu suchen. Ein normaler Kartenkompass mit 5 bis 10 ° Genauigkeit kann höchstens für leichte Orientierungsaufgaben genügen. Besser ist da schon eine Ausführung mit Spiegel oder Prismenpeilung und einer Ablesegenauigkeit von 0,5 bis 1 °. Standortbestimmung mit Hilfsmitteln sollten Sie schon vor einer Tour reichlich geübt und erfolgreich praktiziert haben.

Immer preiswerter und einfacher wird die **Satellitennavigation**, die heute schon vielfach den Kompass ersetzt. Auf extremen Wildnistouren kann es durchaus sinnvoll sein, ein **GPS-Gerät** (Global Positioning System) mitzuführen. Weltweit kann damit der Standort auf wenige Meter genau ermittelt werden. Allerdings muss dann auch das entsprechende Kartenmaterial mit detailliertem Gradnetz vorhanden sein. Die Geräte beziehen ihre Daten von Satelliten, die aus 19.000 m Höhe Signale aussenden. Da solche Empfänger heutzutage nur noch Handyformat haben und sogar schon in Armbanduhren eingebaut werden, sind sie bequeme und inzwischen preiswerte Hilfsmittel. Leistungsstarke GPS-Geräte kosten zurzeit je nach Modell nur noch € 100-500 (z. B. Garmin, Magellan).

Die **Streckenführung** ist gerade bei längerem Tourenverlauf oft sehr flexibel ausgelegt. Je nach Kondition von Mensch und Tier oder Behinderungen durch die Wetterlage kann die Tagesetappe verkürzt oder ausgedehnt werden. Der tägliche Streckendurchschnitt bei den üblichen Hundeschlittentouren beträgt etwa 30-50 km. Bei schwierigem Gelände und schlechtem Wetter können aber schon 20 km ein anstrengendes Pensum sein. Andererseits schaffen die Hunde bei guten Bedingungen auch locker 80 oder 100 km am Tag.

Selbst wenn die Beschreibung im Prospekt feste Teilstücke vorgibt, wird kein Hundeführer eine Gewährleistung auf die Einhaltung des Plans geben. Mit Einschränkungen muss immer gerechnet werden. Bei Touren, die länger als eine Woche dauern, ist häufig ein zusätzlicher Ruhetag zum Kräftesammeln vorgesehen. Diesen haben die Menschen dann meistens nötiger als die Hundetruppe.

📖 **Karte Kompass GPS**, Reinhard Kummer, Basiswissen für draußen, OutdoorHandbuch, 13. Auflage 2017, Conrad Stein Verlag, ISBN 978-3-86686-478-8, € 8,90

♦ **GPS** Grundlagen · Tourenplanung · Navigation, Basiswissen für draußen, Outdoor-Handbuch, 1. Auflage 2017, Conrad Stein Verlag, ISBN 978-3-86686-495-5, € 9,90

Verhalten bei Unwetter

Kälte allein, selbst wenn die Quecksilbersäule einmal unter -30 °C sinkt, ist noch lange kein Unwetter. In der extrem trockenen Polarluft sind solche Temperaturen bei entsprechender Bekleidung problemlos zu ertragen. Zumindest solange noch etwas Bewegung gegeben ist. Bei stillem Sitzen auf einem Schlitten, z. B. während einer Grönlandtour, kann Kälte schon zu einer nicht unbedeutenden Belastung werden. Unangenehm oder sogar gefährlich wird es erst, wenn noch **Sturm** dazukommt. Dann erfahren Sie schnell am eigenen Leib, was es mit dem gefürchteten **Chill-Effekt** auf sich hat. Dieser Kühlungseffekt des Windes macht die Kälte erst unangenehm. -20 °C, dabei ein Sturm mit Geschwindigkeiten von 50 km/h und schon empfinden Sie durch die Abkühlung eine schneidende Kälte von ca. -45 °C. Solche Situationen sollten nicht zu locker gesehen werden, denn Erfrierungen treten unter diesen Bedingungen schneller auf als gedacht.

Zweckmäßige Kleidung (☞ Die Ausrüstung, Die Bekleidung) macht fast jede Kälte erträglich. Neben dem üblichen Outfit können noch zusätzliche Unterwäsche, ein weiteres Paar Socken und ein zweiter Fleece-Pullover für ein wärmeres

Gefühl sorgen. Sturmmütze und Überhandschuhe – vorzugsweise als Fausthandschuhe – machen auch starken Wind erträglich und schützen die Hände und die sehr gefährdete Gesichtspartie vor Erfrierungen. Der Kopfschutz ist besonders wichtig, da mehr als 40 % der Körperwärme über den Kopf abgegeben werden.

Heftiger **Schneefall** ist erst als Unwetter einzustufen, wenn er stundenlang andauert. Sorgt ein Motorschlitten für den Trail, haben es die Hunde noch halbwegs einfach. Müssen sie selbst die Spur treten, sind sie bald überlastet und kapitulieren. Dann ist mühsames Trailbreaking mit Schneeschuhen angesagt – ein schweißtreibender Job und Kilometerfresserei ist so kaum möglich. Oft muss in solch einer Situation die Streckenplanung umdisponiert werden.

Ist ein Erreichen der nächsten Hütte unmöglich, kann sogar eine Übernachtung in der freien Natur notwendig werden. Doch so eine Nacht im Schneeloch oder auf dem Schlitten kann durchaus ein Erlebnis der besonderen Art sein und es hat schon seinen Grund, dass jeder Teilnehmer einen Schlafsack als persönliche Ausrüstung an Bord hat.

Schlimmer als rieselnder Neuschnee ist durch Wind aufgewirbelter Altschnee. Bei starkem Schneesturm gilt die Regel, möglichst nicht den Sichtkontakt zum Vordermann verlieren! Gerade im freien Gelände kann so ein **Eissturm** zu einer echten körperlichen Belastung werden. Auf jeder ungeschützten Hautfläche prickeln die Eiskristalle wie feine Nadelstiche. Sie können sich dann gar nicht genug „verkleiden". An Augenbrauen und Haaren bilden sich in kürzester Zeit harte Eiskrusten, die Feuchtigkeit der Atemluft gefriert im Schal und macht ihn bretthart. Selbst vor der Brille bilden sich undurchsichtige Krusten, sodass Sie zeitweise blind wie ein Maulwurf durch die Gegend fahren.

Doch selbst wenn ein Schneetreiben für eine totale Umhüllung sorgt und die Sichtweite auf ein Minimum sinkt – also ein Whiteout eintritt –, ist das noch lange kein Grund zum Verzweifeln. Solange der Schlitten noch ruckelt und schaukelt, macht er noch Fahrt. Ein guter Leithund kennt selbst bei katastrophalen Sichtverhältnissen keine Orientierungsprobleme und verliert sogar in einem einheitlichen Grauweiß, welches alle Konturen verschwimmen lässt, nicht die Übersicht und bleibt zielsicher auf dem Trail.

Schon bei ersten Anzeichen für das Aufkommen eines Sturmes sollte die **Befestigung des Gepäcks** nochmals überprüft werden. Ein ungesicherter, leichter Schlafsackbeutel wird sonst schnell zum Spielball für den Wind.

Sollte wirklich einmal wider aller Erwartungen der Kontakt zu den Kollegen gänzlich verloren gehen und sollten auch die Hunde kapitulieren, weil sie den Trail verloren haben, bleiben Sie bei Ihrem Gespann und warten auf Hilfe. Der Guide wird schon nach seinen ihm anvertrauten Schäfchen suchen. Sind Sie körperlich am Ende und es besteht Unterkühlungsgefahr, kriechen Sie am besten in den Schlafsack und hocken sich auf den Schlitten. Hilfe kommt garantiert. Es ist noch kein Musher während einer Tour verlorengegangen.

Der Umgang mit den Hunden

Es ist von Anfang an wichtig, dass die Chemie zwischen den Hunden und dem Musher stimmt. Tier und Mensch müssen eine Einheit bilden und an den Vierbeinern liegt es normalerweise nicht, wenn sich kein Teamgeist einstellt.

Als Hundefreund sollte es nicht schwer fallen, schnell eine Beziehung zu den Tieren zu entwickeln. Wenn Sie nach kurzer Zeit bereits von „meinen Huskies" sprechen, ist das schon ein gutes Zeichen der Annäherung. Dass daraus während der Tour meistens so etwas wie eine Freundschaft wird, merken Sie spätestens beim Abschied. Eine Träne im Auge des Mushers ist keine Seltenheit.

Schlittenhunde sind eigentlich immer bereit, ihre letzte Kraft zu geben. Doch Leistung erfordert **Gegenleistung**. Jeder möchte einmal für seine Arbeit gelobt werden und ein paar Streicheleinheiten bekommen. In diesem Punkt unterscheidet sich ein Hund kaum vom Menschen. Deshalb sollte der Musher nicht nur als stiller Ballast auf dem Schlitten hängen, sondern häufig mit den Hunden reden und sie loben. Dabei brauchen Sie gar nicht die Landessprache beherrschen, Hauptsache, es werden immer wieder die Namen verwendet. Wenn die Huskies dann kurz den Kopf nach hinten wenden und Sie mit ihren blauen Augen anstrahlen, haben Sie schon das Gefühl, sie verstehen das Lob und lächeln einem zu.

Die Huskies verstehen wirklich mehr als vermutet. Ist der Mensch mit Freude dabei und spricht liebevoll und aufmunternd zu den Hunden, überträgt sich diese Lust auch auf die Tiere, die sichtbar erfreut ihre Arbeit verrichten und bereit sind, volle Leistung zu erbringen. Ist der Musher aber missmutig und ungeduldig und verteilt Kommandos im rüden Befehlston, so überträgt sich die Stimmung schnell auf die Vierbeiner und die Truppe trabt nur noch lustlos mit gesenkten Köpfen daher. Eigentlich eine Sache, die bei uns Menschen im Berufsleben nicht viel anders ist. Der bekannte Spruch: „Wie man in den Wald hineinruft, so schallt es wieder heraus" gilt also auch bei den Schlittenhunden im nordischen Winterwald.

Mit der **Ausführung der Kommandos** ist das so eine Sache. Sie können sie zwar erteilen, aber oft werden sie von den Hunden nur stillschweigend zur Kenntnis genommen. Nur selten erfolgt die Ausführung sofort und ohne Widerrede. Prompte Reaktion erleben Sie nur beim Aufruf zum Starten. Ansonsten entsteht das Gefühl, dass der „Aushilfsmusher" auf den Kufen nicht ernst genommen wird. Was der sagt, kann man zwar machen, man braucht es aber nicht! Nur wenn der wirkliche Chef – der Besitzer und Hundeführer – Befehle erteilt, wird sofort und ohne Protest reagiert.

Bei Aufrufen zu Richtungsänderungen ist die Reaktion ebenfalls recht halbherzig. Der Befehl zum Abbiegen wird höchstens als Empfehlung angesehen. In vielen Fällen haben die Hunde mit ihrer Spürnase auch wirklich den besseren Riecher und wissen eher, wo der richtige Trail ist und die Fahrt langgehen soll.

☺ Bei der Befehlserteilung immer wieder die **Namen der Hunde** verwenden. Von allgemeinen Kommandos fühlt sich der einzelne Hund kaum angesprochen.

Auf taube Ohren stößt immer wieder der **Stopp-Befehl**. Bei ausgeruhten Huskies sowieso. Ist noch zu viel „Dampf auf dem Kessel", ist die Meute gegen diesen Befehl weitestgehend immun. Ob Stillstand oder Laufen, das bestimmt eben nicht allein der Mensch, sondern da wollen die Huskies noch gern ein Wörtchen mitreden.

Soll das Gespann auf freier Strecke gestoppt werden, treten Sie mit einem Fuß die Bremse und rufen laut und deutlich mehrmals das entsprechende Kommando. Wenn gleichzeitig noch der Name des Leithundes gerufen wird, stellt sich der Erfolg möglicherweise eher ein.

Reagiert das Leittier, ist die Arbeit schon fast geschafft. Die anderen Kameraden gehen dann automatisch vom Gaspedal. Steht das Gespann, wird der **Anker** ausgeworfen und festgetreten, eventuell sogar mit einem Fuß belastet. Doch ein guter Halt ist nur bei einer entsprechend harten Schneeschicht möglich. Auf blankem Eis zeigt der Anker keinerlei Wirkung. Aber Sie können nicht immer auf dem Anker stehen bleiben und da die Hunde regelmäßig durch kurzes Anrucken testen, ob der Schlitten noch blockiert ist, würden sie sofort unaufgefordert wieder durchstarten, sobald der Anker entlastet wird.

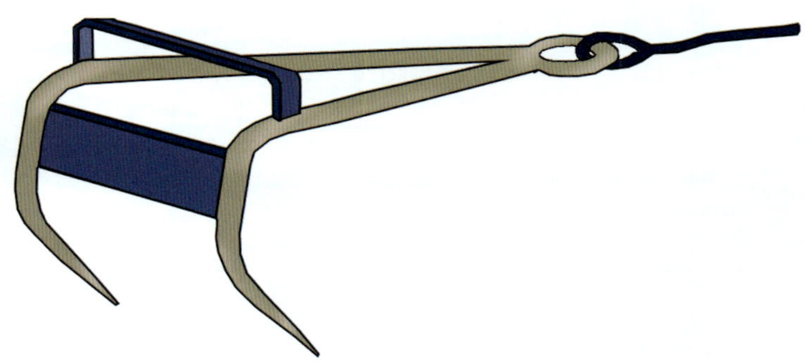

Der Schneeanker dient zur Gespannsicherung

Falls **Bäume** in greifbarer Nähe sind, ist die Sicherung kein Problem: Leine ausrollen und mit einem Slipstek befestigen. Es muss aber schon ein relativ dicker Stamm sein, denn Bäumchen abzuknicken ist für ein vielköpfiges Gespann eine der leichtesten Übungen.

Sie können auch bei Kurzstopps den Anker hinter einen Baum haken. Allerdings ist das anschließende Lösen nicht immer einfach, wenn die Leine unter starkem Zug steht.

Es ist immer wieder erstaunlich, welchen Drang zum Laufen die Huskies haben. In den Pausen wird ein Gejaule veranstaltet, als wäre Stillstand für sie eine fürchterliche Quälerei.

Nach jeder Ankeraufnahme diesen unbedingt an einer sicheren Stelle deponieren, damit er sich nicht während der Fahrt selbständig macht. Oftmals besitzen die Schlitten dafür eine spezielle Tasche. Löst sich ein Anker während der Fahrt und fällt mit Schwung auf das Gepäck, so kann er dort großen Schaden anrichten. Durchschlagen die scharfen Spitzen z. B. den Schlafsackbeutel, ist das mehr als nur ärgerlich, denn so ein gutes Daunenbett kostet mehrere Hundert Euro.

Es gibt immer wieder Situationen, in denen eine Leinensicherung nicht möglich ist. Kritisch sind die Momente, wenn Sie auf freier Strecke stoppen und vorn bei den Hunden Hand anlegen, z. B. die Zugleinen entwirren. Ruckt die Truppe jetzt an und merkt, dass niemand zur Beschwerung auf dem Eisenanker steht, so fährt der „Zug" ohne den Musher ab. Dann helfen auch keine flehenden „Stopp"-Rufe und nur mit einer Portion Glück halten die Hunde aus lauter Mitleid für den armen Musher nach ein paar Hundert Metern freiwillig an. Deshalb ist es ratsam, bei solchen Aktionen zur Sicherheit immer eine an den Schlitten geknotete Leine in der Hand zu halten. So besteht noch eine Verbindung, wenn das Gespann abfahren will.

Gehen Sie nach vorn zu den Hunden, sollten Sie die Tiere im ruhigen Ton immer wieder ansprechen, ihre Namen nennen und, falls möglich, ein paar Streicheleinheiten verteilen. Sind die Hunde abgelenkt und auf den Menschen fixiert, denken sie nicht so oft ans Anrucken oder Durchstarten.

Eine weitere Methode, um den Hunden ein Davonjagen zu erschweren, ist das **Umlegen des Schlittens**. Ein auf der Seite liegender Schlitten bedeutet mehr Widerstand und bringt so eine zusätzliche Sicherung – aber nur, wenn er genügend Gewicht aufweist. Allerdings darf er nicht so schwer sein, dass es beim Aufrichten Probleme gibt. Diese Art der Sicherung sollte außerdem nur angewandt werden, wenn der Schlitten einen gut verschnürten Packsack besitzt und so ein Verrutschen der Ladung unmöglich ist.

Vielfach wird auch eine mehrere Meter lange **Notleine** am Schlitten befestigt, die während der gesamten Fahrt nachgeschleppt wird. Verlieren Sie als Musher den Kontakt zum Gespann – z. B. durch einen Sturz –, haben Sie immer noch die Möglichkeit, diese Notleine zu ergreifen. Zur besseren Griffigkeit ist das Ende der Leine mit einem sehr dicken Knoten versehen. Kommt diese Notsicherung zum Einsatz, erinnert die Szene an Wildwestfilme, wo Bösewichte auf dem Bauch liegend von Reitern durch die Prärie geschleift werden. Nur, dass es hier eine Hundemeute ist, die ihren Musher unbarmherzig durch den Schnee zieht.

Zu Pionierzeiten musste ein Schlittenverlust oft noch mit dem Erfrierungstod bezahlt werden, doch bei den heutigen Touren ist man besser dran. Geht das Gespann wirklich einmal allein durch, sollte der vorausfahrende Kollege versuchen, den Leithund am Halsband zu fassen, wenn die Tiere bei ihm ankommen. Gelingt dies nicht, kann nur noch der Hundeführer die letzte Rettung sein. Dieser sammelt dann als „Hundefänger" die Ausreißer wieder ein.

Größere Pausen werden möglichst nur dort eingelegt, wo eine gute Sicherung der Gespanne möglich ist. Gut gesichert, das bedeutet mindestens eine Halteleine hinten befestigen und, falls möglich, das Gespann auch nach vorn sichern –

also gestreckt halten. Stehen keine Bäume zur Verfügung, müssen Sie spezielle **Bodenspiralen** in den harten Schnee schrauben und daran die Halteleine einklinken.

Doch trotz gut durchgeführter Sicherung wird einem nach der Pause von den Hunden regelmäßig ein Wirrwarr an Leinen präsentiert und Sie bekommen eine Vorstellung davon, was ein gordischer Knoten ist. Irgendeinen vierbeinigen Pausenclown gibt es in jeder Truppe. Da wird kreuz und quer über die Zugleinen gestiegen, bis die Verwicklungen keinerlei Bewegungsfreiheit mehr lassen. Dann ist das Geschrei groß und der arme Kerl erwartet, dass Sie ihn unverzüglich befreien, damit er sein Spielchen aufs Neue beginnen kann.

Bodenspirale

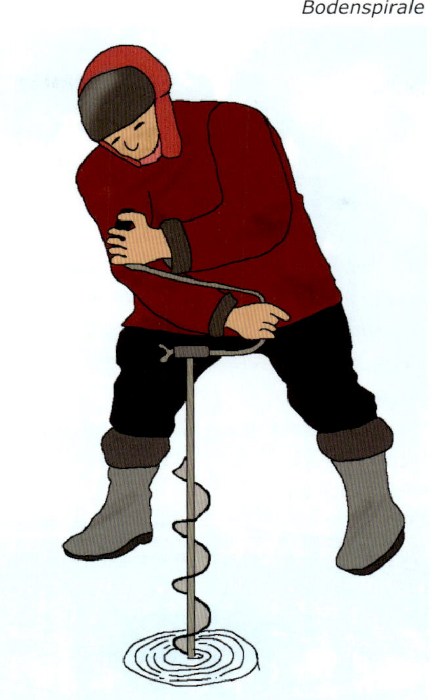

Das **Entwirren der Leinen** gehört wohl oder übel zum täglichen Brot eines Mushers und nimmt reichlich Zeit in Anspruch. Nicht selten muss dabei ein Hund erst aus- und dann neu angeschirrt werden. Oder Sie klemmen sich den Vierbeiner richtig unter den Arm, heben ihn hoch und stellen die lebendigen 25 kg wieder an ihren zugedachten Platz. Nicht immer lassen die Hunde solch eine Prozedur ohne Widerrede über sich ergehen.

Es gibt auch noch die „Leinenbeißer“, denen während der Rast nichts Besseres einfällt, als Zugseile oder Geschirre zu zerkauen, sodass laufend das Material repariert oder sogar ausgetauscht werden muss.

Doch selbst wenn Frust aufkommt, sollten Sie sich niemals zu lautstarken Wutausbrüchen oder sogar Schlägen hinreißen lassen. Auch nicht, wenn so ein aufmüpfiger Geselle einen fast zur Verzweiflung bringt. Falls jemand eine **Strafaktion** durchführt, dann nur der Besitzer selbst. Der packt sich den Übeltäter im Genick und schüttelt ihn kräftig durch, so wie es eine Hündin mit den Welpen macht. Diese natürliche Sprache versteht ein nordischer Hund besser als Schläge oder Drohgebärden. Außerdem sollten alle Maßnahmen, die dem Tier Schmerzen bereiten, generell tabu sein.

In ganz hartnäckigen Fällen wird der Besitzer den Hund packen, auf die Seite werfen und ihn in den Schnee drücken, bis er auf dem Rücken liegt und die Pfoten anzieht, also die übliche Kapitulationshaltung einnimmt. Doch ganz ohne Gegenwehr lässt sich ein Husky nicht in die Knie zwingen. Schnell entsteht daraus ein richtiges Kräftemessen. Wird das anfängliche Knurren und Zähnefletschen dann zum jämmerlichen Wimmern, ist die Frage geklärt, wer hier der wirkliche Rudelführer ist. Da der Ausgang solcher Machtkämpfe zwischen Hund und Mensch von den anderen Tieren mit besonderer Neugierde verfolgt wird, ist es wichtig, dass die Aktion immer bis zur eindeutigen Kapitulation des Hundes durchgeführt wird. Klare Hierarchien sind wichtig im Umgang mit nordischen Hunden.

Drohgebärden regeln die Rangordnung (db)

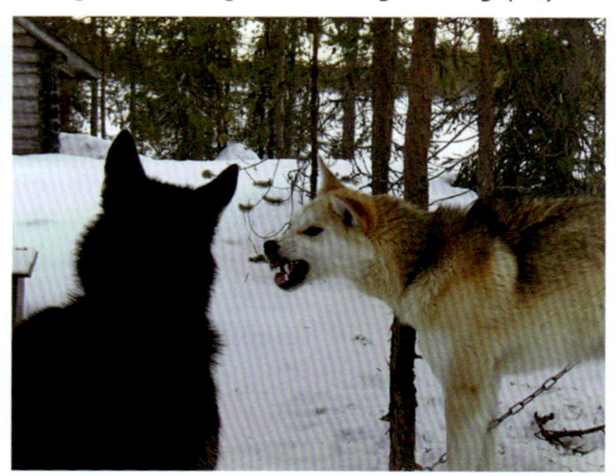

Kleine **Beißereien** sind ebenfalls alltäglich – unter den Hunden versteht sich – und auch dabei sollte sich ein Fremder besser nicht einmischen. Oft sind es nur Showkämpfe oder reines Imponiergehabe, was da lautstark und eindrucksvoll ausgetragen wird.

Nur der Besitzer merkt, wann es wirklich ernst wird, und schafft wieder Ordnung. Häufig reichen dann schon ein paar lautstarke Machtworte. Während sich die Tiere in so einer Situation nur selten gegenseitig ernsthaft verletzen, kann es für den Menschen, der sich einmischt, schon mal böse ausgehen.

Das Nachtlager der Hunde

In der Nacht liegen die Huskies gewöhnlich an einer langen, zwischen Bäumen gespannten Kette – das sogenannte **Stakeout**. Stehen keine Stämme zur Verfügung, müssen Sie als Ersatz Stahlpflöcke in den vereisten Boden treiben oder lange Bodenspiralen in den Schnee schrauben. Von der dickeren Hauptkette zweigen dünnere ab, an die mittels Karabinerhaken das Halsband der Hunde eingeklinkt wird.

Stakeout – das Nachtlager der Hunde

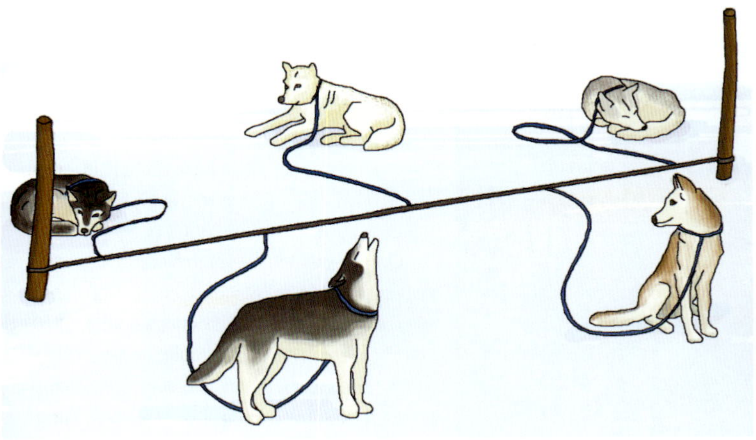

Der Abstand zwischen den Tieren sollte immer so groß sein, dass kein direkter Kontakt zum Nachbarn besteht, sodass damit eventuelle Beißereien ausgeschlossen sind. Friedliche Hunde eines Teams, in dem die Rangordnung klar etabliert ist, können auch dicht beieinander geparkt werden.

Vorzugsweise platzieren Sie die Hunde aus einem Team möglichst an einer Stakeout-Kette. So geht am nächsten Morgen nicht gleich die Suche los, welcher Husky zu welchem Gespann gehört. Denn gerade in den ersten Tagen ist es gar nicht so einfach, aus einer unsortierten Meute von 20 oder 30 Hunden „Ihren" Vierbeiner wiederzufinden.

Wenn sie nicht gerade markante Merkmale aufweisen, können einzelne Huskies sich zum Verwechseln ähnlich sehen. Deshalb ist es immer sinnvoll, gleich am ersten Tag eine kleine Liste mit diversen Angaben zum Team zu erstellen. So entsteht beim morgendlichen Anschirren erst gar nicht die Frage: *„Who is who?"* Wer gehört in welches Geschirr und wo ist sein Arbeitsplatz im Gespann?

Bevor Sie die Hunde am Stakeout anketten, werden sie zuvor natürlich entkleidet – also ausgeschirrt. Auch hier gilt die Regel: Schon beim Auskleiden immer mit einer Hand das Halsband festhalten und erst loslassen, wenn der Vierbeiner sicher an der Kette liegt.

Diese Hunde sind am Stakeout angekettet

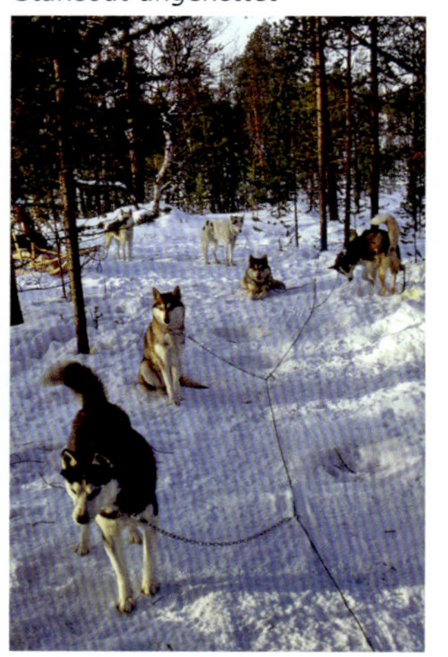

Gelingt einem Hund trotzdem die Flucht, so wird er nur selten auf ewig verschwinden. Aber wann der Waldlauf beendet ist, entscheidet allein er und das kann Stunden, aber auch Tage dauern. Selbst der Besitzer schafft es nur selten, den Flüchtenden mit energischen Kommandos zurückzuhalten.

Die abgelegten Geschirre werden hoch an Ästen aufgehängt. Sie müssen für die Hunde unerreichbar sein. Huskies haben ihre „Leibchen" oft zum Fressen gern und zerlegen so ein Stück, auch wenn es aus stabilen Synthetikmaterialien besteht, gern aus Langeweile in einzelne Faserstücke.

☺ Am besten nehmen Sie die Geschirre abends mit in die Hütte. So sind sie morgens nicht vollgeschneit und hart gefroren. Uns würde ja auch die Lust vergehen, wenn wir morgens in eine steifgefrorene Hose steigen müssten. Damit am nächsten Tag die Zuordnung nicht so schwerfällt, sollte die Ablage der Geschirre immer gut sortiert nach Gespannen erfolgen.

Bei längeren **Grönlandtouren** werden die Hunde nicht täglich ein- oder ausgespannt und bleiben nachts im Geschirr. Muss das Gespann auf einer Eisfläche gesichert werden, pickeln die Inuit tunnelförmige Löcher ins Eis, ziehen ein Seil hindurch und binden so den Schlitten am Eis fest.

Nordische Hunde brauchen keine spezielle **Schlafstätte**. Sie treten eine Mulde in den Schnee, rollen sich zusammen, legen die Rute über die Schnauze und schlafen. Steht Stroh oder Heu als Unterlage zur Verfügung, verschmähen sie so eine „Matratze" auch nicht. Fällt Neuschnee, lassen sie sich vollständig einschneien, sodass Sie am nächsten Morgen Mühe haben, die Vierbeiner zu finden. Häufig zeigt nur ein kleines Atemloch im Schnee, wo sich das Nachtlager befindet, und Sie müssen richtig aufpassen, um nicht auf eines der eingeschneiten Tiere zu treten.

Dass ein gesunder Hund nachts erfriert, wird wohl kaum passieren. Selbst bei -30 oder -40 °C können ihm, bedingt durch die Beschaffenheit des Pelzes mit der dicken öligen Unterwolle und dem langen Deckhaar, Frost, Schnee und Sturm nichts anhaben.

Es wird aber von Fällen berichtet, wo kranke oder stark geschwächte Hunde, die spüren, dass es mit ihnen zu Ende geht, des Nachts aufstehen, den Schnee abschütteln und sich so ungeschützt der Kälte aussetzen, bis ihnen der Erfrierungstod ein schnelles Ende bereitet.

Diese Hunde haben sich über Nacht völlig einschneien lassen

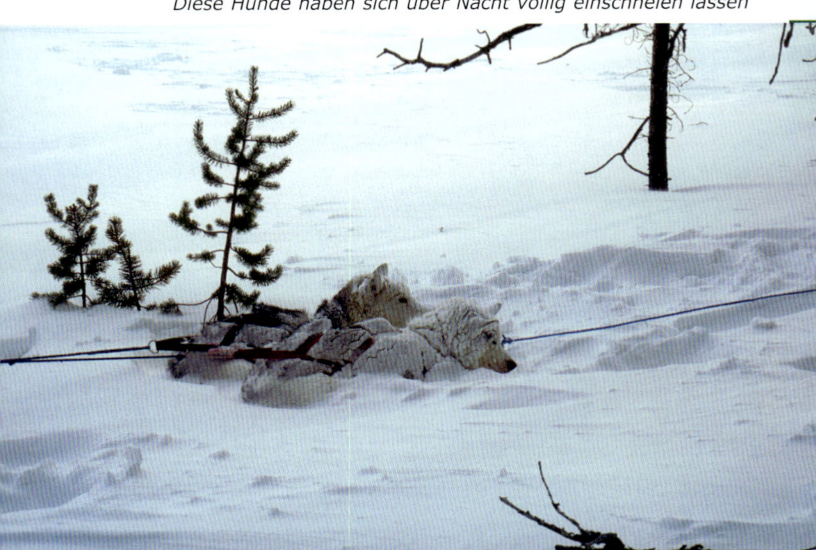

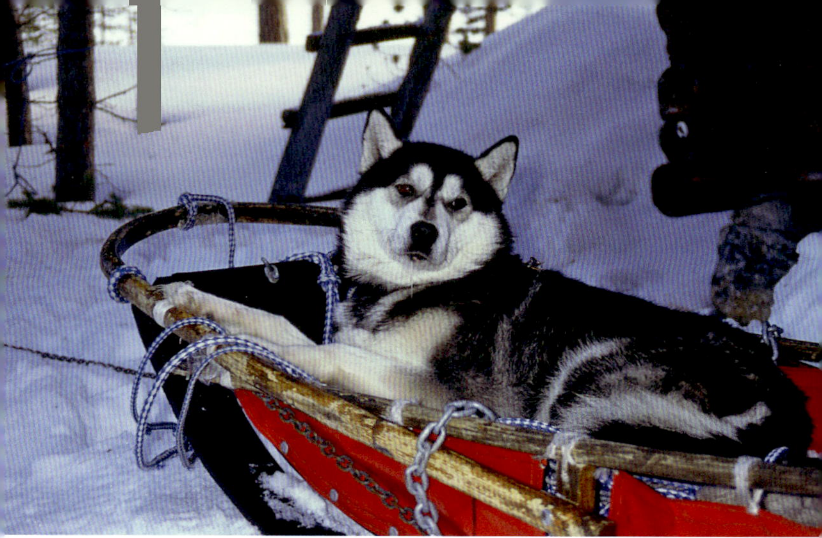

Auch so kann man eine Nacht verbringen

Einen stark „vereisten" Hund, dessen Fell voller Schnee und Eiskrusten ist, sollten Sie aus Mitleid nicht vorübergehend mit in die warme Hütte nehmen. Es kann für das Tier sogar gefährlich sein. Das Tauwasser dringt dann bis in die dichte Unterwolle vor. Ist diese erst einmal feucht, trocknet sie nur sehr langsam. Kommt ein durchnässtes Tier dann wieder in die Kälte, gefriert die sonst so schützende Unterwolle. Solch ein Zustand kann für den armen Kerl durchaus lebensbedrohend sein.

Nur einige Huskies sind so „häuslich", dass sie gern mit in eine warme Hütte gehen. Dann wissen sie jedoch schnell, wo der wärmste Platz ist und dass es sich auf einer Matratze weicher schlafen lässt als auf dem harten Holzfußboden. Andere Tiere bekommen in geschlossenen Räumen eine richtige Klaustrophobie (Platzangst), haben Angst vor dem flackernden Kaminfeuer und wollen mit aller Macht wieder hinaus in die Kälte.

Im Nachtlager der Hunde geht es oft ruhiger zu als in der Hütte der Musher. Doch wenn der Mond am Himmel steht, melden sich die Huskies gern noch intervallweise zu Wort. Wenn einer der Vierbeiner meint, er müsse mal kurz den Mond anheulen, fühlen sich die anderen offenbar verpflichtet, in den Gesang mit einzustimmen. Aber irgendwann nehmen Sie diese „Hellooooouuuuu…"-Heulhymnen gar nicht mehr wahr, auch wenn das Abendlied auffallend viele Strophen hat.

Verirren Sie sich des Nachts in das Hundelager – z. B. bei einem unumgänglichen Gang zum Toilettenhäuschen –, sollten Sie sehr genau vor Ihre Füße schauen und besser eine Lampe benutzen, denn besonders hier gilt das Sprichwort: „Man soll keine schlafenden Hunde wecken." Ein ungewollter Tritt auf einen eingeschneiten Husky hat ähnliche Folgen wie ein Tritt auf den Zünder einer Tretmine!

Die Versorgung der Hunde

Ein ruhender Husky verbraucht pro Tag ca. 2.000-3.000 kcal, nur um existieren zu können. Ein arbeitender Hund benötigt 5.000-6.000 kcal. Das ist mehr, als ein Mensch bei Schwerstarbeit verbraucht. Bei durchtrainierten Rennhunden kann der Bedarf an einem anstrengenden Arbeitstag auch schon 10.000 kcal betragen.

Trotzdem werden Schlittenhunde in der Regel nur einmal am Tag richtig gefüttert. Dies geschieht abends, wenn sie bereits am Stakeout liegen und sich vom Tagesmarsch erholt haben. Nur bei angeketteten Hunden kann garantiert werden, dass jedes Tier seine zugedachte Ration wirklich bekommt.

Es wird je nach Witterung sowohl **Gefrierfleisch** als auch **aufgetautes Fleisch** verfüttert. Ein Huskymagen kann zwar problemlos Gefrierkost verwerten, aber Kalorien, die das Tier zur Verdauung der Eisklumpen verbraucht, müssen Sie ihm indirekt durch größere Futtermengen wieder zuführen. Was verfüttert wird, sind keine Fleischabfälle, sondern Stücke von guter Qualität. Wer viel arbeitet, muss schließlich auch gut fressen! In Alaska werden die Hunde oftmals den gesamten Winter über mit gefrorenem **Lachs** gefüttert. Wo dieser Fisch im Überfluss zur Verfügung steht, legen sich die Kennel-Besitzer im Herbst große Depots mit Tausenden von Lachsen an.

Steht Fleisch nicht zur Verfügung, kann das Abendbrot auch aus **Trockenfutter** – eventuell in eingeweichter Form – bestehen. Eine Portion harter Stockfisch wird ebenfalls nicht verschmäht. 1 kg Stockfisch entspricht ca. 5 kg Frischfisch.

Nach mehreren Trockenfuttermahlzeiten brauchen die Vierbeiner aber wieder Fleisch, denn die Ernährung für arbeitende Huskies soll im Winter möglichst reich an Fett und Proteinen und arm an Kohlehydraten sein. Zur Gewichtseinsparung wird oftmals hochwertige **Spezialnahrung** verfüttert. 500-600 g von diesen Energypacks reichen dann als vollwertige Tagesration.

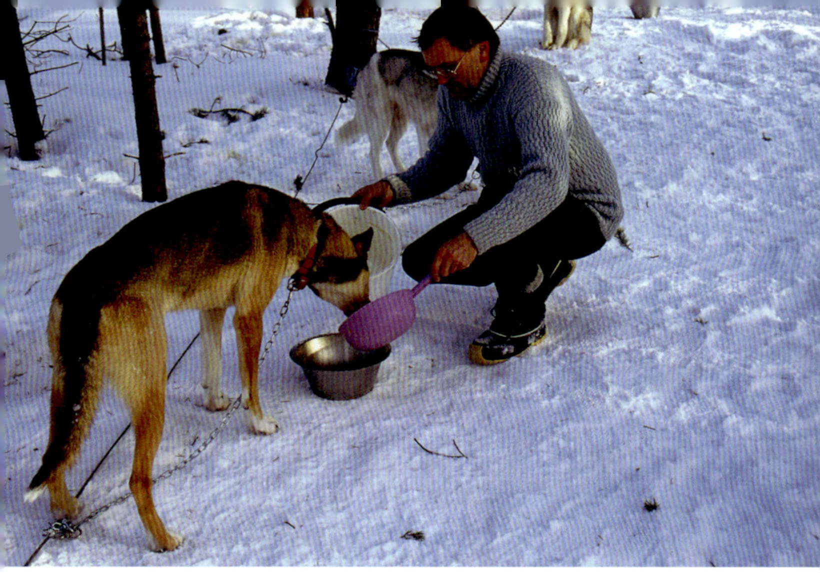

Wässerung der Hunde

Ahnen die Vierbeiner, dass die **Fütterung** bevorsteht, tobt der Winterwald. Aus Kuschel-Huskies werden schlagartig wilde Bestien, denen der Speichel schon aus den Lefzen trieft. Das mit dem Beil kleingehackte Gefrierfleisch oder die aufgetauten Stücke – ca. 1 kg pro Hund – werden den Tieren aus sicherer Entfernung zugeworfen. Eine ausgestreckte Hand können sie bei der Erregung gar nicht vom Futter unterscheiden und sehen darin schnell einen willkommenen Nachschlag. Selten wird gekaut, es wird nur geschluckt und gewürgt.

Kaum eine Minute dauert der Spuk und kein Fleischstückchen ist mehr zu sehen. Selbst der blutig verfärbte Schnee wird noch gefressen. Wer so gierig ist, kann doch nicht satt sein, denkt man, und bekommt fast Mitleid mit den Tieren.

Aber es gibt zwei Punkte, wo die sonst so intelligenten Huskies keine Grenzen kennen und vom Menschen gebremst werden müssen: beim Laufen und beim Fressen!

Morgens werden die Hunde „gewässert". Je nach bevorstehender Belastung muss ein Hund mindestens 1-2 l **Flüssigkeit** zu sich nehmen. Das geschieht meistens in Form einer „Hundesuppe", die aus lauwarmem Wasser und etwas eingeweichtem Trockenfutter als Geschmacksverstärker besteht.

Wurde am Abend zuvor die Sauna benutzt, kann gut das eventuell noch warme Wasser aus dem Saunakessel dafür verwendet werden. Sonst gilt es, Unmengen von Schnee zu schmelzen. Unterwegs stillen die Hunde ihren Durst durch Fressen von Schnee. Eine Methode, auf die der Mensch ebenfalls zurückgreifen kann, falls die Thermosflasche leer oder in unerreichbarer Ferne ist. Zwischendurch eine Handvoll sauberen Schnee langsam im Mund schmelzen zu lassen erfrischt und ergänzt den Flüssigkeitsverlust.

In **Grönland** werden die Hunde überwiegend mit Fisch oder Robbenfleisch gefüttert. Selbst wenn Futter reichlich zur Verfügung steht, beträgt die Tagesration auch für einen Grönlandhund nicht mehr als ca. 1 kg. Dabei wiegt so ein ausgewachsener Rüde gut 40 kg. Im Sommer während ihrer „Arbeitslosigkeit" ist dort sogar strenge Diät angesagt. Damit die Tiere keinen Sommerspeck ansetzen, erfolgt die Fütterung nur jeden zweiten oder dritten Tag.

Das „große" und „kleine Geschäft"

Genauso gut wie mit dem Fressen klappt es bei den Huskies auch mit der Verdauung. Die Schneeflächen rund um den Lagerplatz sind morgens reichlich „vermint". Mitleid kann man bekommen, wenn die Tiere im Lauf ihr Geschäft erledigen – für uns Menschen unvorstellbar, für einen Husky aber tägliche Routine.

Ob „groß" oder „klein", alles passiert im Galopp. Allerdings mit unterschiedlicher Technik. Die Rüden erledigen diese Angelegenheit meist im vollen Lauf, entweder im leicht gehockten Stil oder es wird gekonnt auf drei Beinen gehoppelt. Ist der Darminhalt von einer sehr dünnflüssigen Konsistenz, sehen die Hinterteile und die Beine anschließend nicht gerade appetitlich aus.

Die Hündinnen setzen sich lieber. Da aber die Rüden selten auf die Damenwelt Rücksicht nehmen und unverändert weiterlaufen, gibt es dabei oft Probleme. Rücksichtslos wird die auf dem Hintern sitzende Hündin von den anderen Kollegen brutal mitgeschleift. Das unübersehbare Ergebnis: eine meterlange braune „Bremsspur" im weißen Schnee.

Nur wenn der Leithund sein Geschäft macht, bleibt die ganze Mannschaft wie auf Kommando stehen und wartet in Ruhe ab, bis der Chef fertig ist. Der Musher muss bei dieser „Notdurft mit Stillstand" dann schnell den Schlitten abbremsen, damit er den Wheeldogs nicht in den verlängerten Rücken rutscht. Das gilt auch, wenn die Hunde plötzlich stoppen, um eine gelbe Stelle im Schnee zu beschnüffeln, die ein vorauslaufender Kollege erzeugt hat. In solchen Momenten müssen Sie als Schlittenführer schnell reagieren.

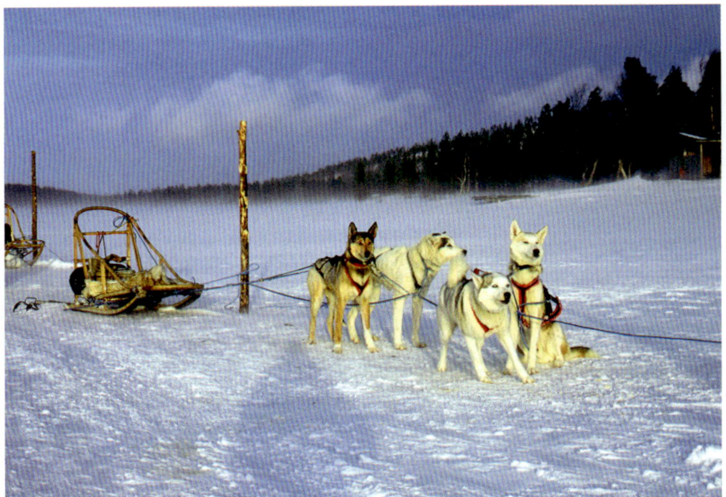

Die Tiere müssen gesund und fit für ihre Arbeit sein

Die Pflege der Hunde

Gleich vorab: Nordische Hunde sind pflegeleicht! Wer glaubt, dass solche Tiere, die Tag und Nacht bei Wind und Wetter draußen leben, weder Bürste noch Hundeshampoo kennen und verdreckte, stinkende Wesen sind, wird über die **Sauberkeit** dieser Vierbeiner überrascht sein. Auch ohne Duftschaumbad wirkt das dicke Fell der Huskies immer gepflegt und ist erstaunlicherweise weitgehend geruchsfrei.

Der Besitzer einer Huskyfarm ist immer um die **Gesundheit** seiner Tiere besorgt. Die Hunde sind schließlich sein Kapital. Gerade ansteckende Krankheiten können für einen Kennel zur Katastrophe werden, besonders wenn während der Hauptsaison ein größerer Teil der „Arbeitskräfte" ausfällt.

Bei arbeitenden Huskies ist eine regelmäßige **Pfotenkontrolle** sehr wichtig. Dabei geht es um die Krallenlänge und eventuelle Wundstellen. Je nach den Schneeverhältnissen werden die Pfoten recht unterschiedlich beansprucht.

Neuschnee, normaler Altschnee oder Eis sind problemlose Trail-Beläge. Kritisch wird es, wenn die Sonne den Schnee tagsüber oberflächlich antaut, es nachts darauf wieder friert und so die Schneeoberfläche hart und verkrustet ist. Selbst die kräftigste Huskypfote wird früher oder später wund, wenn sie bei jedem Schritt eine dünne Eiskruste durchbrechen muss.

Booties dienen als Pfotenschutz

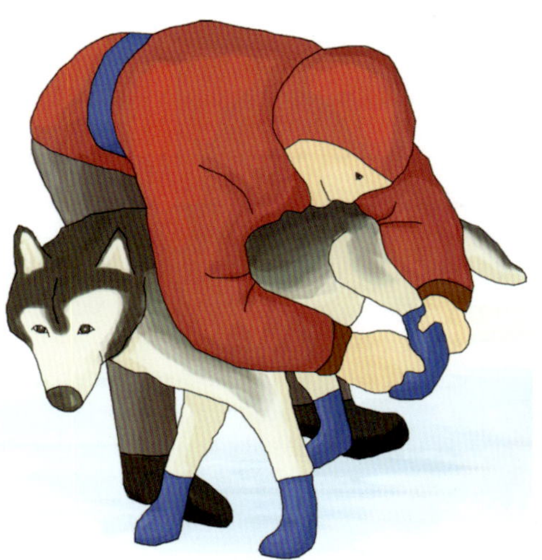

Ein verantwortungsbewusster Musher reibt bei solchem „Straßenbelag“ seinen Hunden schon vorbeugend die Pfoten mit einem speziellen Fett ein oder verpasst ihnen spätestens bei den ersten Anzeichen von Wundstellen die sogenannten **Booties**.

Diese niedlichen Hundeschuhe – meistens aus Synthetik, da Leder gern gekaut wird – werden oft auch beim Sommertraining getragen, da Tiere, die 6 Monate oder länger nur im Schnee laufen, steinigen Boden gar nicht gewohnt sind.

Hierbei gibt es richtige Schuhgrößen. Neben der unterschiedlichen Länge der Vorder- und Hinterfüße ist dabei auch die Pfotenbreite zu berücksichtigen. Denn falsch ausgewählte oder schlecht angelegte Booties können Wundstellen verursachen. Verschlossen und gehalten werden die Booties durch leicht zu handhabende Klettverschlüsse.

Manchmal kommt es auch vor, dass ein Hund während der Schlittentour seine Kräfte falsch einteilt und sich total verausgabt. Als Laie erkennen Sie diesen Zustand oftmals nicht sofort. Aber der Hundeführer hat einen untrüglichen Blick dafür und wird eingreifen, bevor das Tier einen gesundheitlichen Schaden nimmt. Erschöpfte Tiere werden dann aus dem Gespann genommen und dürfen vorübergehend auf dem Schlitten mitfahren. Oft reicht schon eine Stunde Pause und der Vierbeiner ist wieder topfit.

Fällt ein Hund für den Rest der Tour ganz aus – z. B. durch Läufigkeit oder ständige Beißerei –, nimmt man ihn aus dem Gespann und „deponiert" ihn an einem markanten Punkt. Dort wartet er angekettet auf seine Abholung. Da der Hundeführer jederzeit mittels Handy oder Funkgerät Kontakt mit der Huskyfarm aufnehmen kann, braucht der arme Kerl meist nicht lange sein Klagelied singen.

Zum Abschluss noch ein wichtiger Hinweis

Beim Umgang mit den Schlittenhunden dürfen Sie nicht überempfindlich sein. Ein feuchter Hundekuss oder ein sabberndes Lecken durch das Gesicht sollte einen Hobbymusher nicht gleich schockieren. Schließlich ist es ja meistens als Dankeschön für erteilte Streicheleinheiten gedacht.

Schnell lernen Sie, dass während der Arbeit mit den Tieren nicht nur ab und zu ein Auge, sondern manchmal auch die Nase zugedrückt werden muss. Oftmals sind die Zugleinen oder die Karabinerhaken mit Urin oder Kot verschmutzt. Da das Entwirren jedoch nur mit bloßen Händen möglich ist, muss wohl oder übel ohne Hemmungen zugegriffen werden.

Nach getaner Arbeit reiben Sie Ihre Hände gut mit Schnee ab. Wasser und Seife stehen schließlich in der freien Wildnis nicht zu Verfügung. Danach ein kurzer Schnuppertest – alles okay, zumindest halbwegs –, es kann weitergehen. So einfach ist das – oder sollte es zumindest für einen richtigen Musher sein!

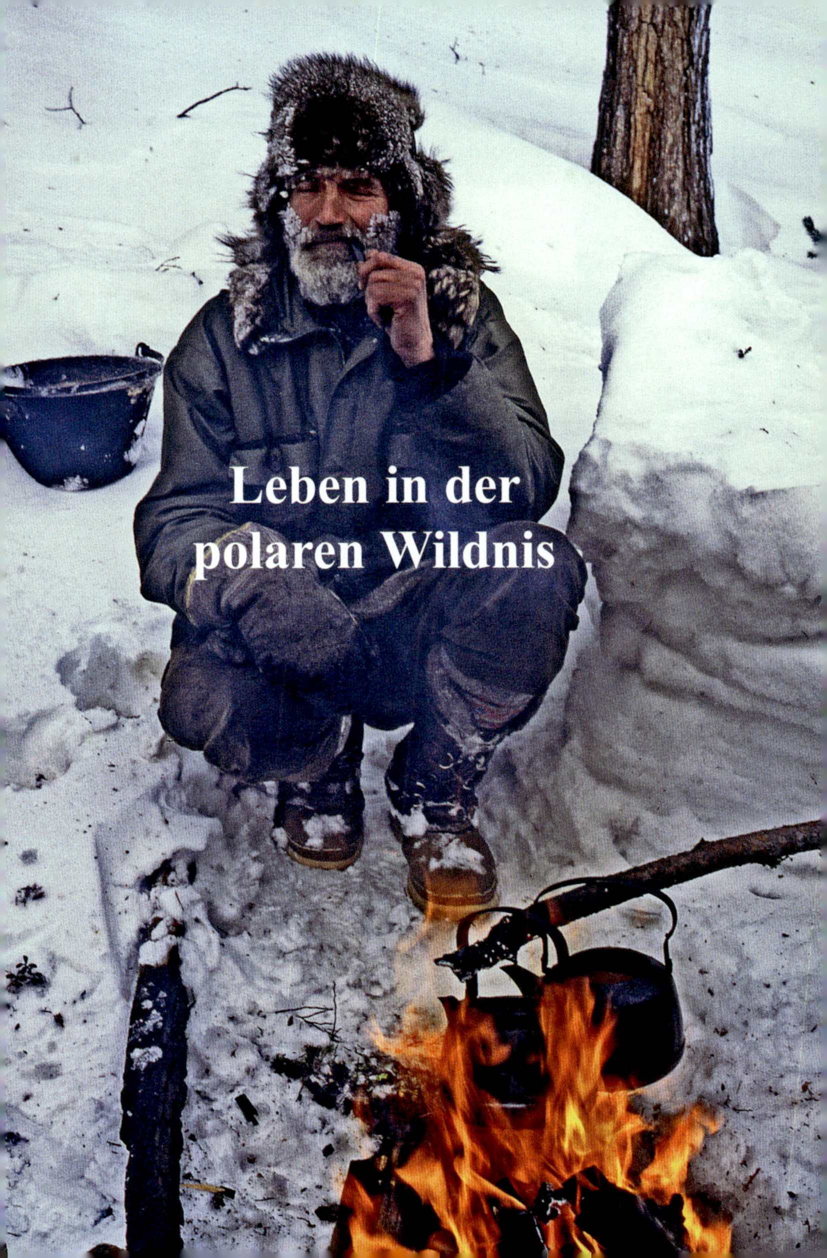
Leben in der
polaren Wildnis

Wer sich in solchen Naturlandschaften aufhält, hat einige Regeln zu beachten. Dass Sie keine unnötigen Schäden in der Wildnis anrichten, sollte eigentlich selbstverständlich sein. Aufgrund der klimatischen Faktoren ist im hohen Norden die Natur besonders anfällig. Umweltschäden können sich bei dem kurzen Sommer und der langen Winterzeit nur langsam oder oftmals gar nicht regenerieren.

Die in diesen Regionen lebenden Menschen hatten schon immer ein ausgeprägtes Umweltbewusstsein und selbst wenn dort nicht alles und jedes durch Anordnungen geregelt wird, existiert so etwas wie ein ungeschriebenes Gesetz im Umgang mit der Natur. Häufig wird in Skandinavien das sogenannte **Jedermannsrecht** erwähnt, aber es gibt auch **Jedermannspflichten**, was leider oft vergessen wird. Als Tourist sollten Sie sich deshalb schon kundig machen und die örtlichen Regelungen beachten. Gerade bei dem Aufenthalt in Nationalparks gelten häufig besondere Gesetze.

Ein wichtiges Thema ist auch der **Müll**. Bei der Rast in der freien Wildnis gilt immer die Regel: Jedes Teilchen Abfall wieder einpacken und mitnehmen, bis sich eine Möglichkeit zur richtigen Entsorgung bietet!

Unterkunft

Die Übernachtungsmöglichkeiten während einer Huskytour können komfortabel, aber auch sehr primitiv sein. Wer in einer **Wildnishütten** (*wilderness lodge*) untergebracht ist, zu der man abends immer wieder zurückkehrt, hat vielfach Hotelkomfort.

Bei den Wildnishütten gibt es deutliche Unterschiede. Einige sind sogar bewirtschaftet, sodass Sie abends ein warmes Haus erwartet und Sie Ihre Mahlzeiten vorgesetzt bekommen.

In der Regel sind die zur Übernachtung angesteuerten Quartiere aber nur einfache **Blockhütten**, die manchmal nur aus ein oder zwei Räumen bestehen. Bevor dort Ruhe und Gemütlichkeit einkehrt, wartet noch eine ganze Menge Arbeit. Das beginnt schon beim Freischaufeln des Einganges. Auch Holzsägen und -spalten gehören dazu. Oftmals muss jemand mittels Leiter erst auf das Dach klettern und den Rauchabzug von Schneeresten befreien.

Wird dies nicht ordentlich erledigt, ist die Hütte schnell eine Räucherkammer. Auch beim Gepäcktransport, Zubereiten der Mahlzeiten, Aufräumarbeiten und Saubermachen ist die Hilfe aller Teilnehmer gefragt.

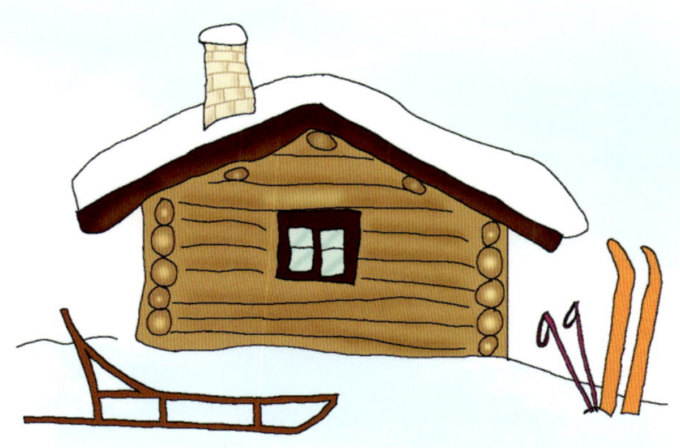

Stilvolles Blockhaus

Einen Grundsatz gilt es selbst in der Wildnis zu beachten: **Niemals einen Wohnraum mit den Stiefeln betreten!** Schneereste, die von den Profilsohlen in den Raum getragen werden, schmelzen und bilden unangenehme Pfützen auf dem Naturholzboden. Jedes Rein oder Raus aus der Hütte bedeutet also gleichzeitig ein Raus oder Rein in die dicken Stiefel mit ihrer aufwendigen Schnürung.

Als **Heizung** der Blockhäuser dienen vielfach gusseiserne Öfen, die bedeutend mehr Wärme entwickeln als ein offener Kamin.

Trotzdem können Stunden vergehen, bis eine vollkommen ausgekühlte Hütte warm wird. Aber selbst wenn die Innentemperatur nur auf +5 °C steigt, empfinden Sie dies bei Außentemperaturen von -25 °C schon als wohlige Wärme. Elektrizität steht in der Regel nicht zur Verfügung und so dienen meistens Kerzen zur Beleuchtung.

Sind diese Blockhäuser innen zwar sehr gemütlich eingerichtet, so müssen Sie jedoch, wenn es um das Schlafen geht, häufig mit einem recht spartanischen Lager vorliebnehmen. Nicht immer hat jeder Gast seine eigene Matratze. Vielfach werden nur Rentierfelle oder ein paar Polster auf dem Holzboden ausgelegt – fertig ist der Schlafsaal. Optimaler Liegekomfort kann nicht immer erwartet werden.

Aber ein tagsüber strapazierter Körper sehnt sich sowieso nach Schlaf – egal wo – und außerdem wird man das Gefühl nicht los, dass im Norden ein besonders aktives Sandmännchen existiert.

Die allabendliche, kaum zu verbergende Müdigkeit soll angeblich eine Krankheit sein, die ganz einfach als Frischluftvergiftung bezeichnet wird und die fast alle Mitteleuropäer befällt, wenn sie in den hohen Norden reisen.

Natürlich gehört zu einer Wildnishütte auch ein **Toilettenhäuschen** – meistens etwas abseits vom Hauptgebäude gelegen und von der bekannten Bauart Donnerbalken. Auch wenn abends links und rechts der Brille stehende Kerzen optisch für eine gemütliche Atmosphäre sorgen, bleibt dort keiner freiwillig länger als eben nötig. Denn Minusgrade an bestimmten Körperteilen laden nicht gerade zum Verweilen ein.

Neben den Wildnishütten wird auch des Öfteren in festen **Zelten** übernachtet. In Lappland sind sie von der Bauart her den Kota-Zelten der Samen nachempfunden. War die Außenhaut dieser kegelförmigen Konstruktionen früher aus gegerbten Rentierfellen, so ist es heute eine dichte, kunststoffbeschichtete Plane. In der Mitte ist eine Feuerstelle, in der Zeltspitze ein offener Rauchabzug und an den Wänden sind durchgehende breite Holzbänke, die auch als Schlafplatz dienen können. Selbst wenn die Einrichtung primitiver als in einer Hütte ist, kann ein Zeltabend doch urgemütlich sein.

Entspannt hocken Sie auf dicken Rentierfellen am Feuer. Man unterhält sich, beobachtet die lodernden Flammen und lässt so richtig die Seele baumeln. Solche Stunden bleiben unvergesslich.

Nicht, dass die Hüttenabende keine Atmosphäre besitzen, aber diese schwer zu beschreibende Gemütlichkeit im Zelt – auch wenn die Wärme recht einseitig und die Luft ein bisschen rauchig ist – ist etwas ganz Besonderes. Vielleicht, weil man im Zelt der Natur noch etwas näher ist als in einem festen Holzhaus.

☺ Bei Nächten im Zelt packen Sie die abgelegte Kleidung am besten in einen **kunststoffbeschichteten Sack** – z. B. in den Schlafsackbeutel –, damit das Zeug bis zum Morgen nicht klamm und feucht wird. Als **Schlafanzug** reicht bei Hütten- und Zeltübernachtungen in der Regel ein wärmerer Jogginganzug.

Sind Sie mit einem mobilen Zelt – z. B. einem kleinen Kuppel- oder Tunnelzelt – unterwegs, sorgen vielleicht ein feuchtigkeitsundurchlässiger Boden und die

Isomatte für einen etwas besseren Liegekomfort, aber die richtige Wildnisatmosphäre fehlt. Das Ganze erinnert dann mehr an normales Outdoor-Wintercamping.

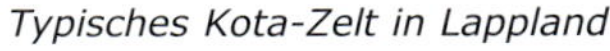

Typisches Kota-Zelt in Lappland

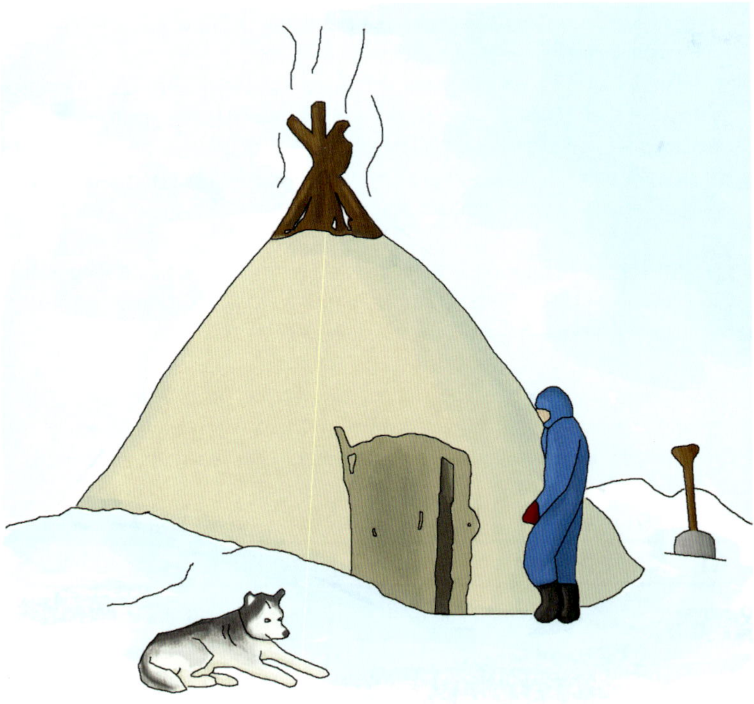

Neben den Zelten kann auch in einfachen **Unterständen** übernachtet werden. Dort kommt es schon einmal vor, dass die Matratze nur aus dem gefrorenen Boden, einer Schicht Tannenzweige und einem Rentierfell besteht. Aber mit dem dicken Schlafsack als wärmendes Nest lässt sich auch auf so einer „Öko-Matratze" eine gute Nacht verbringen.

Bei längeren **Grönlandtouren** wird vielfach in einfachen **Fängerhütten** oder unter einer Zeltplane auf dem Schlitten übernachtet – bei Nachttemperaturen von bis zu -40 °C wahrscheinlich nicht jedermanns Sache. Ist eine Siedlung das Etappenziel, werden die Teilnehmer oftmals bei einheimischen Gastfamilien untergebracht.

Die Ausnahme wird wohl eine Nacht im **Schneeloch** bleiben. In Situationen, in denen das vorgesehene Quartier nicht mehr erreicht wird, kann es eine Notlösung sein oder Sie wählen diese Art der Übernachtung, weil eine Nacht unter freiem Sternenhimmel ein besonderes Erlebnis verspricht.

Schneelöcher oder Höhlen lassen sich besonders gut in hartem Schnee einrichten. Mittels Schneesäge und Schaufel wird ein entsprechendes Loch oder aber eine Liegefläche geschaffen. Den ausgegrabenen Schnee platzieren Sie als Windschutz wallförmig um Ihr Nachtlager herum. Neben einer Isounterlage und dem Schlafsack kann noch ein Biwaksack sinnvoll sein.

☺ Bei klaren Nächten ohne Sturm und Schneefall ist so ein **Freiluftschlafplatz** ein tolles Erlebnis, besonders wenn die *Aurora borealis* – das Polarlicht – am Nachthimmel eine farbenfrohe Galavorstellung gibt.

✋ Übernachtungsplätze wie Hütten, Unterstände oder Zelte sollten Sie immer so hinterlassen, wie Sie sie vorgefunden haben oder gern vorfinden würden: also alles sauber aufräumen und das verbrauchte Feuerholz durch neues ersetzen.

Am Lagerfeuer

Schneelöcher graben gehört auch zur täglichen schweißtreibenden Beschäftigung, wenn unterwegs in freier Landschaft eine Pause mit Lagerfeuer stattfinden soll. Damit die Feuerstelle errichtet werden kann, muss der Schnee bis auf den gefrorenen Boden abgetragen werden. Für ein ca. 60 cm tiefes und im Durchmesser 2,5 m großes Loch sind immerhin 3 m^3 Schnee zu bewegen. Auf den Rand des Kraters ausgebreitete Rentierfelle ergeben eine bequeme Sitzbank.

Bei der Suche nach **Brennmaterial** bleibt zu beachten, dass es in einigen Ländern verboten ist, lebende Bäume zu schlagen. Also müssen abgestorbene Stämme oder Äste gesucht werden, was bei entsprechender Schneelage nicht immer einfach ist. Da das Holz bei trockener Kälte wenig Feuchtigkeit besitzt, brennt es aber gut.

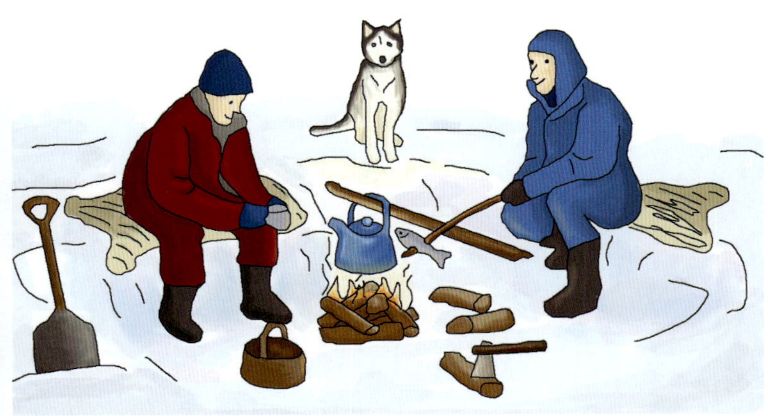

Um Töpfe oder Kessel über dem Feuer zu platzieren, wird einfach ein dicker Ast schräg in den Schnee gerammt, an dem Sie die rußgeschwärzten Kochgefäße aufhängen. Fleisch oder Fisch wird auf angespitzte Stöcke gespießt und in offener Flamme gegrillt.

Auch wenn Sie am Lagerfeuer gern die Wärme spüren, sollten Sie doch genügend Abstand zu den Flammen halten, da Funkenflug schnell Löcher in das Synthetikgewebe der teuren Schneebekleidung brennen kann.

Die Verpflegung

Das **Wasser** zum Kochen wird entweder aus geschmolzenem, sauberem Schnee hergestellt – bei größeren Mengen eine langwierige Arbeit – oder Sie schaffen mittels Beil und Eisbohrer eine Schöpfstelle an einem zugefrorenen See oder Fluss. Falls Fisch auf dem Speiseplan steht, kann so ein Loch dann gleichzeitig zum Eisangeln dienen (Auch in der Wildnis werden vielfach Angellizenzen benötigt!)

Alles, was an Proviant auf dem Lastschlitten transportiert wird, ist bedingt durch die Minusgrade Tiefkühlkost. Wer sein Brot nicht „knackfrisch“ essen möchte, muss Brotscheiben, Butter und Aufschnitt erst mühsam an offener

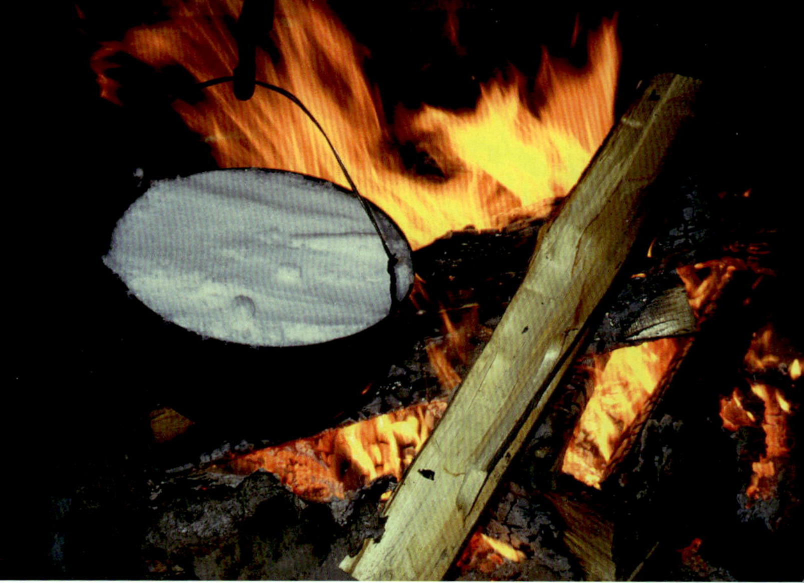

Schnee schmelzen

Flamme auftauen. Trotzdem, satt wird jeder und die Speisekarte während so einer Tour ist recht abwechslungsreich, zumal der Begleiter in der Regel versucht, möglichst oft landesspezifische Gerichte zu kochen. So stehen dann neben Fisch auch Fleischdelikatessen wie Elch, Ren oder sogar Bär auf dem Speiseplan. In Grönland kann es auch schon einmal Robben- oder Walfleisch sein. Das ist durchaus genießbar und die Seehundsleber oder der Walspeck müssen ja nicht unbedingt roh gegessen werden, wie es die Inuit gern tun.

Gekocht wird häufig über **offener Flamme** oder in den Hütten auf einem **Holzofen**. Manchmal existieren dort auch Kochstellen mit Propangas, welche aber oftmals ihre Tücken haben, da das Gas bei reichlich Minusgraden kaum noch verdampft. Aus Mangel an Feuerholz werden Sie in Grönland auf ein Lagerfeuer verzichten müssen. Dort wird überwiegend mit Benzinkochern gekocht und manchmal auch geheizt.

„Gekochter" **Kaffee** (kein Filterkaffee, der gemahlene Kaffee wird einfach ins Wasser gegeben und aufgekocht – eine ziemliche Dröhnung!) ist wohl das Nationalgetränk der Wildnis und wird bei jeder Mahlzeit bis zum Abwinken serviert. Als Trinkgefäße für heiße Getränke eignen sich besonders gut die Kuskas. Diese formschönen Holztassen mit seitlichem Griff werden traditionell aus Birkenknorren gefertigt und besitzen gute Isoliereigenschaften. Für die kleinen Pausen zwischendurch werden morgens **heiße Getränke** in Thermosflaschen abgefüllt, denn der Bedarf an Flüssigkeit bei körperlicher Anstrengung in trockener Polarluft ist sehr groß. Außerdem sollten immer warme Getränke an Bord sein, falls jemand unterkühlt ist und wieder „aufgetaut" werden muss (☞ Verhalten im Notfall).

Da unterwegs warmes Wasser meistens Mangelware ist, wird das Geschirr häufig mit Schnee „gespült". Teller und Tassen einfach mit Schnee füllen, kräftig damit abreiben – fertig ist der **Abwasch**!

📖 **Kochen 1 – aus Rucksack und Packtasche**, Nicola Boll, Basiswissen für draußen, OutdoorHandbuch, 6. Auflage 2013, Conrad Stein Verlag, ISBN 978-3-86686-406-1, € 8,90

Körperpflege und Hygiene

Beim richtigen Outdoor-Leben sind Abstriche in vielen Punkten unerlässlich – auch bei der Körperpflege. Schon beim Packen der persönlichen Sachen sollte deshalb die **Kulturtasche** gut sortiert werden. Es reicht, wenn lediglich ein Kulturtäschchen übrigbleibt. Die Morgentoilette fällt meistens recht kurz aus, denn die Körperpflege mit Schneeabreibung oder Eiswasserwaschung ist sehr gewöhnungsbedürftig.

Auch Ihre **Zahncreme** sollten Sie vielleicht schon zu Hause auf Polartauglichkeit testen. Lässt sich die Paste nach mehrstündiger Lagerung in der Tiefkühltruhe nur noch zögerlich aus der Tube quetschen, bekommen Sie damit auch in der arktischen Wildnis Ihre Probleme. Aus Mangel an Wasser wird der Mund nach dem Putzen kurzerhand mit Schnee „ausgespült". Übrigens ein guter Test in Bezug auf Zahnhalskaries!

Der nächste Punkt ist die **Rasur**. Wer darauf verzichtet, hat die wenigsten Probleme. Stehen Sie aber nicht auf Dreitagebart, können Sie es, falls etwas warmes Wasser vorhanden ist, mit einer Freiluftnassrasur versuchen. Sonst bleibt nur noch der Batterie- oder Akkurasierer. Doch solche Apparate kommen bei richtigen Minusgraden oftmals nicht auf Touren und die Barthaare werden mehr ausgerissen als abgeschnitten. Eine recht schmerzhafte Tortur, die schon fast an Folter grenzt.

Nach einem anstrengenden Frischlufttag tut ein ausgiebiger **Saunagang** zur Entspannung und Reinigung immer wieder richtig gut. Den meisten Hütten ist ein Saunagebäude angegliedert. In einem Gemisch aus Qualm und Dampf genießt man die wohlige Wärme, kühlt sich bei Überhitzung kurz draußen im Schnee ab und heizt sich erneut in der Sauna auf. Dieser Vorgang sorgt für eine wohltuende Entspannung, Körper und Seele werden so wieder in Einklang gebracht.

Die Sauna raucht schon (db)

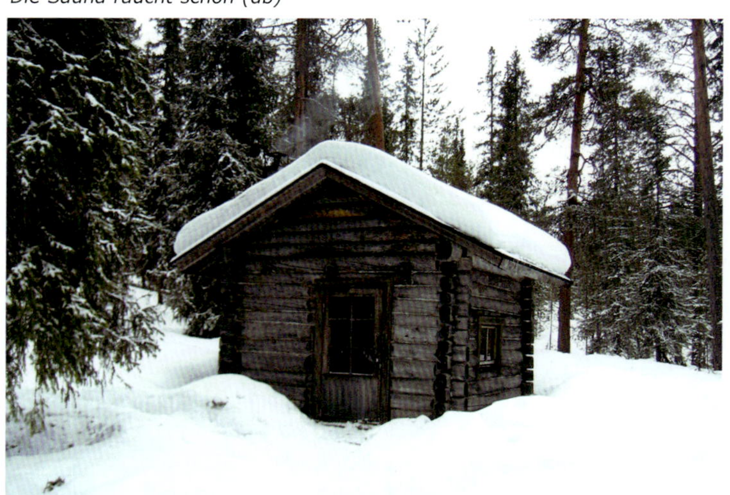

☺ Wer Probleme mit den hohen Dampftemperaturen hat, dem sei folgendes Rezept verraten: Nehmen Sie einfach einen dicken Schneeklumpen mit in die Sauna und legen ihn auf den Kopf. Das Gehirn wird nicht so schnell „gar" und es verursacht ein angenehmes Prickeln, wenn das eisige Schmelzwasser tropfenweise am aufgeheizten Körper entlang fließt.

Das „**große**" und „**kleine Geschäft**" sind ja nicht nur ein tierisches, sondern auch ein menschliches Bedürfnis. Doch für uns Musher ist, im Gegensatz zu den Huskies, ein Austreten während der Fahrt nicht zu jeder Zeit möglich. Schließlich muss immer erst eine geeignete Stelle für die Gespannsicherung vorhanden sein.

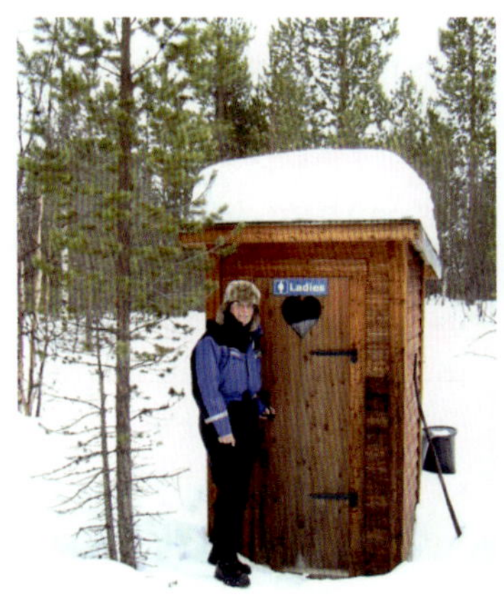

Luxus nur für Damen (db)

Das „kleine Geschäft" entfällt erstaunlicherweise fast vollständig. Da reichlich geschwitzt wird und viel Feuchtigkeit über den Atem an die trockene Polarluft verloren geht, bleibt für die Blase kaum etwas übrig. Die „größeren Sachen" werden sowieso besser morgens oder abends auf dem stillen Örtchen am Quartier erledigt. Sich unterwegs aus dem dicken Overall zu pellen, ist nämlich eine größere Aktion und außerdem wollen wir ja nicht mehr Spuren und Rückstände in der freien Natur hinterlassen als eben nötig. Bei extremer Kälte ist ein „Frischluftaustritt" auch nicht ganz ohne. Die empfindlichen Körperteile sollten nicht länger als absolut notwendig der eisigen Luft ausgesetzt werden. Kommt noch Sturm und Flugschnee hinzu, erlebt man ein Gefühl, als würden die entblößten Körperteile sandgestrahlt.

☞ Noch ein wichtiger Hinweis zum **Toilettenpapier**. Erstens sollte jeder eine Rolle auf seinem Schlitten mitführen. Zweitens muss diese immer trocken und geschützt verpackt sein. Toilettenpapier, das einmal feucht geworden ist, gefriert zu einer steinharten Rolle! Im entscheidenden Moment ist es dann unmöglich, Papierstücke in brauchbarer Größe abzulösen. Ein fürchterlicher Alptraum, den schon mancher – fast der Verzweiflung nahe – hilflos mit zitternden Knien in der Hocke sitzend erleben durfte.

📖 **How to shit in the woods – Wie man im Wald sch...**, Ulrike Katrin Peters, Karsten-Thilo Raab, Annalena Kunter, Basiswissen für draußen, OutdoorHandbuch, 4. Auflage 2018, Conrad Stein Verlag, ISBN 978-3-86686-476-4, € 8,90

☺ Ein wirksames Medikament gegen **Diarrhöe** – Durchfall – sollte in keiner Reiseapotheke fehlen (z. B. Imodium Akut)! Schon bei den geringsten Anzeichen ist die Einnahme eines vorbeugenden Mittels ratsam. Ein Durchfall „on trail" bedeutet eine mittlere Katastrophe. Da meistens enorm viel Zeit vergeht, bis Sie

Ihr Gespann sichern können und sich der mehrfachen Kleidung entledigt haben, kann im wahrsten Sinne der Worte in so einer Situation schon etwas in die Hose gehen.

Verhalten im Notfall

Gleich eines zum Anfang: Wer einen kräftigen Muskelkater und ein paar blaue Flecken als ernsthafte Verletzung oder Notfall einstuft, wird es im Outdoor-Leben schwer haben. Solche Reiseandenken bringt jeder Musher von einer Hundeschlittentour mit nach Hause und so etwas sollte nicht überbewertet werden.

▷ Aber es gibt auch Situationen, die nicht zu unterschätzen sind, wie z. B. erste Anzeichen von **Erfrierungen**. Diese stellen sich bei entsprechender Kälte nahezu schleichend ein. Während der Fahrt ist besonders die Gesichtspartie – speziell die Nasenspitze – gefährdet. Aber auch auf die Hände sollten Sie achten. Beim Arbeiten ohne Handschuhe erfrieren schnell die Fingerkuppen. Bei Erfrierungen unterscheidet man drei Stufen:

1. Grad: Blässe und spätere Rötungen der Haut, die Sie durch festes Reiben wieder erwärmen, bis das Gefühl wieder vollständig vorhanden ist.

2. Grad: Tiefrote oder violette Hautpartien, die vollkommen gefühllos sind und eventuell zur Blasenbildung neigen. Solche Stellen nicht durch Reiben erwärmen, sondern sehr langsam am Feuer oder mit lauwarmem Wasser (nicht über 30 °C) auftauen. Auch den restlichen Körper durch heiße Getränke erwärmen.

3. Grad: Die Haut ist vollkommen weiß und gefühllos und auch das tiefere Gewebe ist bereits abgestorben. Eine schnelle Heilung ist kaum möglich und es muss mit Dauerschäden oder sogar mit Amputationen gerechnet werden, sodass unbedingt ärztliche Hilfe notwendig ist.

☺ An Tagen mit extrem starkem Frost sollte auf das **Rauchen verzichtet** werden. Das Nikotin verengt die Blutgefäße, sodass gefährdete Partien noch schlechter durchblutet werden und folglich eher zu Erfrierungen neigen.

▷ Falls die Kleidung durchnässt, z. B. durch einen Einbruch ins Eis oder Einsinken in einen Schneesumpf, ist schnelles Handeln erforderlich. Selbst wenn bei recht milden Minusgraden nicht mit Erfrierungen zu rechnen ist, ist eine **Unterkühlung** oder eine starke **Erkältung** ebenfalls nicht zu unterschätzen. Etwas zum Wechseln sollte deshalb immer vorhanden sein. Stehen keine trockenen Textilien zur Verfügung oder ist der Körper bis auf die Haut durchnässt, bleibt nur noch die Flucht in den Schlafsack – allerdings erst, nachdem Sie sich der nassen Bekleidung entledigt haben.

▷ Auch lange **Bewegungslosigkeit**, wie z. B. beim stillen Sitzen auf dem Schlitten einer Grönlandtour, kann zur totalen Auskühlung führen. Deshalb bei langsamer Fahrt zwischendurch immer wieder absteigen und zur Aufwärmung neben dem Gefährt laufen. Bei starkem Gegenwind kann es sinnvoll sein, dass Sie sich seitwärts auf den Schlitten setzen. So sind Sie der schneidenden Kälte nicht so stark ausgesetzt.

▷ Ist es zu einer richtigen **Unterkühlung** gekommen – in diesem Fall sinkt die Körpertemperatur unter 25 °C –, muss die Person so warm wie möglich in den Schlafsack oder eine Rettungsdecke eingepackt werden. Das Einflößen von wärmenden Getränken – z. B. heißem Tee oder Kaffee aus der Thermosflasche – kann durchaus belebend wirken. Mit Alkohol sollten Sie allerdings vorsichtig sein, denn er erweitert nur kurzzeitig die Hautgefäße und sorgt lediglich für ein subjektives Wärmegefühl.

▷ Für kleinere **Wunden** oder sonstige leichte **Verletzungen** sollte entsprechendes Material im mitgeführten **Erste-Hilfe-Paket** vorhanden sein. In Fällen, bei denen ärztliche Hilfe gefragt ist, wird der Leiter der Tour den Patienten sofort mit dem Motorschlitten abtransportieren lassen oder mittels Telefon oder Funk entsprechende Hilfe anfordern.

▷ Ein **Mobiltelefon** gehört bei solchen Fahrten, zumindest in den noch halbwegs zivilisierten Gegenden, wo ein entsprechendes, flächendeckendes Netz vorhanden ist, zur Grundausrüstung. So kann der Hundeführer immer Kontakt zur Huskyfarm halten oder bei eventuellen Notfällen für schnelle Hilfe sorgen. Damit sich ein verlorengegangener oder in Not geratener Teilnehmer bei seinen Gefährten bemerkbar machen kann, werden häufig **Signalpatronen** mitgeführt.

▷ Selbst bei Extremtouren in der tiefsten Arktis ist normalerweise ebenfalls für Sicherheit gesorgt. Vielfach gehören dann sogar **ELT-Notfunkgeräte** (Emergency Location Transmitter) zur Ausrüstung. So kann bei Rettungs- oder Bergungsaktionen der genaue Standort über Satellit schnell und exakt ermittelt werden. Allerdings dauert das Herbeiholen von Hilfe bei solchen Touren oftmals etliche Stunden oder sogar einen Tag und kann erhebliche Kosten verursachen (z. B. Hubschraubereinsatz). Ein Expeditionsteilnehmer muss gewisse Gegebenheiten und Risiken akzeptieren und kann im Notfall nicht für alles den Veranstalter verantwortlich machen. Deshalb ist eine gute Versicherung für eventuelle Bergungskosten sinnvoll.

▷ In Einzelfällen kann die Begegnung mit wilden Tieren zu einer Notlage führen. In Nordeuropa wird von ihnen wohl kaum eine ernste Gefahr ausgehen. Die wenigen dort lebenden Wildtiere sind sehr scheu und gehen den Menschen und Hunden lieber aus dem Weg. In Alaska und Westkanada kann das schon anders aussehen. Die Bären halten zwar ihren Winterschlaf, aber trotzdem ist im Spätwinter vereinzelt schon ein Meister Petz unterwegs und fühlt sich durch eine Huskymeute gestört.

Auch **Wölfe** sehen des Nachts die angeketteten Hunde oft als leichte Beute an und trauen sich bis an das Lager heran. In Grönland oder Spitzbergen muss außerhalb der Siedlungen schon einmal mit einer **Eisbärenbegegnung** gerechnet werden.

Doch die Führer dieser Touren wissen, ob und wo Gefahren drohen, und werden in solchen Regionen für den Notfall auch Schusswaffen im Gepäck mitführen.

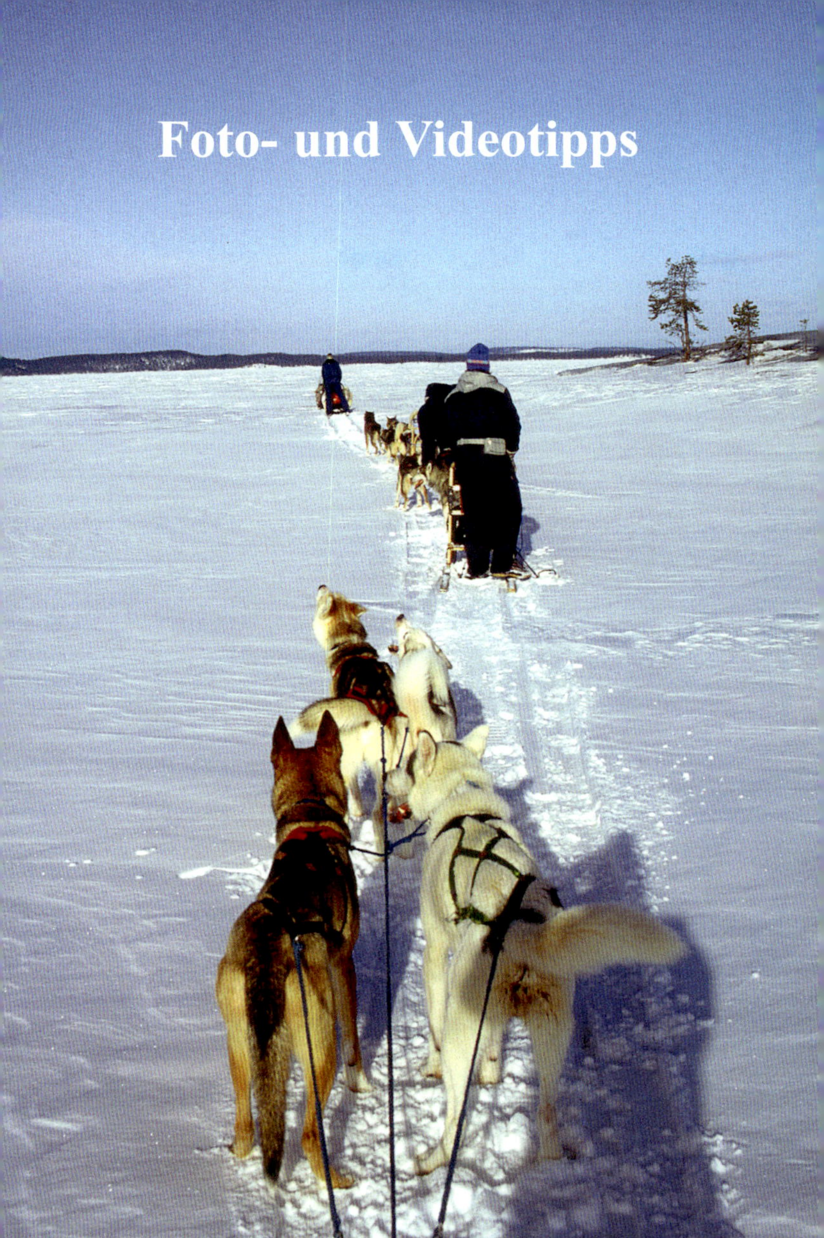

Foto- und Videotipps

Gute Fotos von einer Hundeschlittentour sind sicherlich eine schöne Erinnerung. Aber ein Video wird, da Bewegung und Ton vorhanden ist, die lebendige Atmosphäre auf dem Trail vielleicht noch besser wiedergeben. Mit den oftmals sehr stimmgewaltigen Huskies als Hauptdarsteller kann schon ein richtiger Action-Film entstehen, der die Erlebnisse so einer Tour in Bild und Ton richtig widerspiegelt.

Die Fotoausrüstung

Eine Winterreise stellt besondere Anforderungen an die Fotoausrüstung. Bis -10 bis -15 °C arbeiten die meisten Apparate zwar noch problemlos, aber bei weiter sinkenden Temperaturen bewegt sich so manche Kameramechanik schon etwas schwerfällig.

▷ Da es heute kaum noch rein mechanische Kameras gibt, ist die **Stromversorgung** ein weiterer Schwachpunkt. Die üblichen **Batterien oder Akkus** bringen nur bei Temperaturen über 20 °C volle Leistung. Bereits bei 0 °C arbeiten sie nur mit halber Kraft und bei -30 °C ist kaum noch Power vorhanden.

▷ Besitzer einer **Digitalkamera** sollten mehrere Ersatzakkus und Speicherkarten mit entsprechender Kapazität in die Kameratasche packen. Gelegenheiten zur Nachladung der Akkus bzw. eine Auslesemöglichkeit für die Karten wird es bei einer Wildnistour kaum geben. Auf langen Expeditionen kann deshalb ein Ladegerät, das von einem Solarpanel gespeist wird, sinnvoll sein.

▷ Doch selbst wenn die Ausrüstung topfit ist, kann die Bildausbeute nach einem Winterurlaub eine herbe Enttäuschung sein, denn die **Belichtung** bei reinen Schneemotiven ist nicht unproblematisch.

Eine Belichtungsautomatik versagt oftmals bei einem Motiv, das nur aus blendend weißem, reflektierendem Schnee besteht. Wer die Möglichkeit der **Spot-Messung** hat, kann eventuell noch eine neutrale Fläche anmessen, z. B. das dunkle Blau am Himmel. Aber in der Regel bleibt nur die Möglichkeit der manuellen Korrektur.

☺ Bei Aufnahmen vom fahrenden Schlitten aus sollten Sie – falls das Licht ausreicht – mit Belichtungszeiten von 1/250 oder kürzer arbeiten. Die Gefahr der Verwacklung ist in solchen Momenten besonders groß. Hat die Kamera diverse Motivprogramme, kann die Einstellung „Sport“ sinnvoll sein. Auch auf längere Brennweiten wird bei der „Einhand-Fotografie“ besser verzichtet. Wird der Kameramodus „Reihenaufnahme“ gewählt, können Sie später aus mehreren Fotos das optimale Bild auswählen.

▷ Während so einer Reise ist die Gepäckmenge meist begrenzt, deshalb werden Sie auch bei der Fotoausrüstung nur das Nötigste einpacken. Trotzdem ist die Mitnahme eines kleinen Stativs sinnvoll, da Aufnahmen in der Morgen- oder Abenddämmerung immer lange Belichtungszeiten erfordern. Dabei genügt oft ein kleines Tisch- oder Taschenstativ mit Kugelkopf, das demontiert nicht länger als 15-25 cm ist.

Auf Motivsuche

Fahraufnahmen nach vorn machen Sie wegen der Verwacklungsgefahr am besten, wenn der Schlitten auf ebenem Untergrund fährt oder das Gespann fast zum Stillstand kommt – aber nicht solange warten, bis die Vierbeiner gänzlich anhalten. Dann drehen sie sich um, brechen seitlich aus, die Leinen werden locker und der Effekt von arbeitenden Hunden ist nicht mehr gegeben. Die schönsten Bilder entstehen, wenn das nachfolgende Gespann sich nähert und die auf einen zulaufenden Huskies mit hechelnder Zunge direkt in die Kamera blicken.

Auch die **Hundefütterung** (unbedingt genügend Abstand halten!), das **Hütten- oder Zeltleben**, die **Rast mit Lagerfeuer** usw. sind lohnende Motive. Das Porträtieren der schönen Huskies erfolgt am besten gleich zu Beginn einer Pause. Dann hängt den Tieren noch die Zunge aus dem Hals.

Auch der **Winterwald** links und rechts des Weges ist ein Foto wert, besonders bei den interessanten Lichtstimmungen, die der nordische Winter immer wieder bietet.

Gerade das frühe Morgen- und Abendlicht zaubert in dieser Region Farben an den Himmel, die jeden Fotofan in ihren Bann ziehen. Bei solchen Motiven – Sonnenauf- oder -untergänge und Abendaufnahmen – gilt immer die Regel zur manuellen Belichtungsreihe. Eine Automatik versagt erfahrungsgemäß bei diesen Motiven und da hierbei mit längeren Verschlusszeiten gearbeitet wird, ist ein Stativ einfach unerlässlich.

Die in den polaren Regionen so häufig am Nachthimmel erscheinenden **Nordlichter** können ebenfalls ein interessantes Motiv sein. Kann man Nordlicht denn fotografieren? Man kann! Aber bitte nicht mit Blitzlicht, wie man es immer wieder erlebt. Also die Kamera auf ein Stativ schrauben, die größtmögliche Blende einstellen und manuell mit unterschiedlichen Zeiten belichten. Hat die Kamera den Modus „Nachtaufnahmen", können damit auch akzeptable Ergebnisse erzielt werden. Aber auch dabei empfiehlt sich die Verwendung eines Stativs.

Die Videoausrüstung

Auch bei Videokameras ist **die Stromversorgung** der Schwachpunkt. Bei -20 °C bringt auch ein frisch geladener Akku nur einen Bruchteil seiner sonstigen Leistung. Also reichlich Power Packs einpacken und möglichst einen **Reserveakku** immer in einer Innentasche dicht am Körper tragen.

Auf Steckdosen zum Nachladen sollten Sie sich bei solchen Wildnistouren nicht verlassen. Mit der Verwendung von **Videoleuchten** bei Innenaufnahmen gehen Sie besser sparsam um, da sie im allgemeinen Stromfresser sind.

Wichtig bei der Foto- und Videoausrüstung ist natürlich auch die richtige **Verpackung**. Die Taschen sollten möglichst gegen Flugschnee dicht sein und den zumeist wertvollen Inhalt auch gegen stärkere Stöße gut schützen.

Der **Tragegurt** sollte einfach ausklinkbar sein, sodass Sie ihn zur Befestigung der Foto- oder Videotasche verwenden können. Dazu lösen Sie den Gurt einseitig, wickeln ihn um eine oder mehrere Schlittenstreben und klinken ihn wieder ein. So ist ein Absturz der Tasche auch bei unruhiger Fahrt unmöglich (Taschenhersteller z. B. Cullman, Lowe Pro).

Auf Szenensuche

Gleich eines vorab: Ein Video über eine Hundeschlittentour kann nur ein sehenswertes Produkt sein, wenn die Möglichkeit zum Schneiden besteht. Wer meint, er könne sein Videomaterial auch ungeschnitten vorführen, lässt die Kamera besser daheim. Mit reichlich Ausschuss muss immer gerechnet werden, besonders bei den Fahrszenen. Während der Schlittenfahrt einhändig ruhig die Kamera zu führen, ist nur selten möglich. Aber ein Film lebt nun mal von der Bewegung und so sollten Sie immer wieder versuchen, **Fahrszenen** aufzunehmen – doch erst, wenn Sie als Musher ein richtiges Gefühl für Ihren Arbeitsplatz auf den Schlittenkufen haben. Sonst landen Sie samt der teuren Kamera im Schnee.

Auf freier Strecke, wo vorhersehbar ist, dass die Hunde nicht abgebremst werden müssen, können Sie sich auch vorübergehend in oder auf den Schlitten setzen. Filmen Sie dann tiefhockend, fast liegend, mit leichtem Tele ihre Hundetruppe, entstehen aus dieser Perspektive tolle Fahrszenen. Fast entsteht das Gefühl, als laufen Sie als zusätzlicher Wheeldog mit im Gespann.

Oder die Kamera wird nach hinten gerichtet und Sie filmen das nachfolgende Gespann bei der Arbeit. Wenn dieser Schlitten dann langsam immer näher auffährt und der Leithund schon fast über die Objektivlinse lecken kann, ergibt es wunderbare, lebendige **Porträtaufnahmen**.

☺ Bei allen Aufnahmen, wo mit Verwacklung zu rechnen ist, sollten Sie möglichst mit Weitwinkeleinstellung arbeiten und die Szenen zur Sicherheit mehrmals aufnehmen, auch wenn die Kamera mit einer „Bildstabilisierung" ausgestattet ist.

Bedeutend einfacher sind die Einstellungen während der **Stillstandzeiten**. Wer eine gute Regie führt, kann so den ganzen täglichen Ablauf einer Tour festhalten, z. B. das Leben auf der Huskyfarm, das Anschirren oder die Fütterung. Das sind auch die Momente, bei denen die Hunde als Hauptdarsteller am besten zu Wort kommen. Aber ebenso bieten die Pausen am Lagerfeuer oder das Hüttenleben reichlich interessante Motive. Hier sollten Sie öfter Teleeinstellungen verwenden und so belebende Details einfangen.

Das Ganze sollten Sie dann zu Hause durch einen perfekten Schnitt in die richtige Reihenfolge bringen und das Abenteuer Hundeschlittentour kann nochmals vor dem Fernseher im warmen Wohnzimmer durchlebt werden.

Anhang

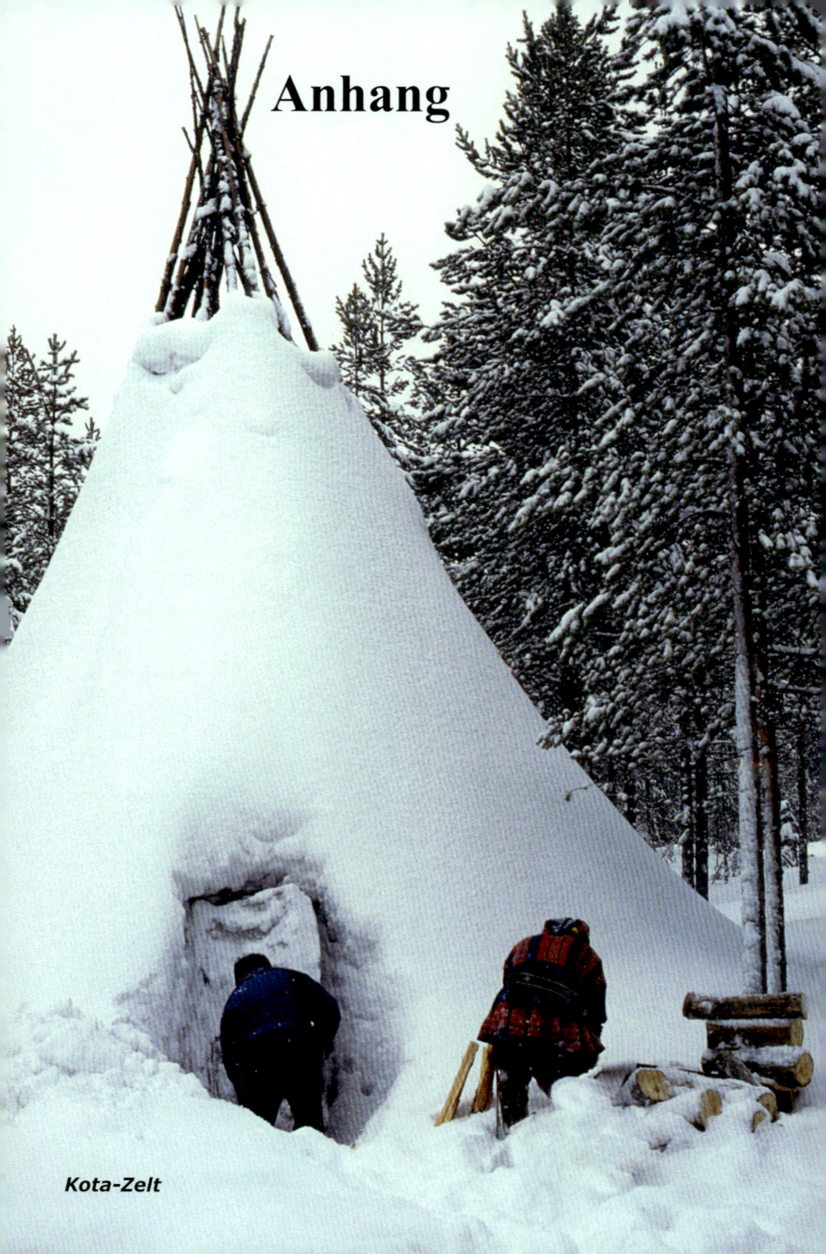

Kota-Zelt

Schlusswort

Hundeschlittenfahrten im hohen Norden werden oftmals als eines der letzten großen Abenteuer bezeichnet. Wer jedoch unter Abenteuer nur Action und Nervenkitzel versteht, sollte sich nicht mit Hund und Schlitten in die Wildnis begeben, sondern sich woanders austoben. Der Begriff „außergewöhnliches Erlebnis" ist schon eher angebracht. Wo sonst erleben Sie so eine harmonierende Einheit aus Mensch und Tier? Wo eine Natur, die mit ihren Kontrasten immer wieder fasziniert und eine ungewöhnliche Ruhe ausstrahlt?

Wenige Wildnistage reichen aus und Sie verlieren fast jegliches Zeitgefühl. Ein Tag hat in dieser Umgebung andere Dimensionen. Was zählen dort Minuten und Stunden? Auch auf den Kontakt zur Außenwelt mit Fernsehen und sonstigen Medien kann man gut und gern verzichten. Alles wird in einer ungewohnten Ruhe und Harmonie erledigt, die sich schnell auf den Menschen überträgt. Am Ende einer Hundeschlittentour scheut man fast die Rückkehr in die Zivilisation. Irgendwie verändert dieses Outdoor-Leben den Menschen richtig. Am liebsten möchte man den Schlitten um 180° wenden und wieder mit den Huskies in dem tiefen Winterwald verschwinden, zurück in dieses Refugium für Mensch und Tier.

Ob nun Skandinavien, Alaska, Kanada oder Grönland, überall können Sie dort während einer Huskytour den Winterurlaub noch ohne Hektik und Stress genießen und darin liegt auch der eigentliche Erholungswert. Nicht nur Urlaub machen, sondern Urlaub erleben, so sollte die Devise heißen. Ohne die üblichen Klischees bietet so eine Tour ausreichend Raum für Freiheiten und Fantasien.

Leider ist das heute nur noch selten möglich. Denn wo der typische Massentourismus boomt, wird Urlaub bloß gedankenlos konsumiert. Doch hektischer Genuss kann keine Glücksgefühle erzeugen. Gestresst und ohne die erhoffte Erholung kehrt man nach Hause zurück.

Gerade dies wird Ihnen nach einer Hundeschlittenfahrt nie passieren. Im Gegenteil, jede Tour ist ein außergewöhnliches Erlebnis, an das man gern und oft zurückdenkt und aus dem man so viel Erholung und gestärktes seelisches Wohlbefinden mitbringt, dass daraus Kraft für die nächsten Monate geschöpft werden kann.

☺ Sind Sie als Hobbymusher nach einer Hundeschlittentour vom chronischen Huskyfieber befallen, gibt es nur ein wirksames Mittel: *„Do it again!"* (das ist meine persönliche Erfahrung).

Glossar

Alaskan Husky: sehr schneller Schlittenhund aus Kreuzungen von nordischen Hunden mit anderen Rassen

Alaskan Malamute: ursprünglich aus Alaska stammender, sehr starker und ausdauernder Schlittenhund

Anchor: Schneeanker, dient zur Gespannsicherung

Booties: Schuhähnlicher Pfotenschutz für die Hunde

Brake: Fußbremse am Schlitten

Braketower: Haltebügel am Schlitten – des Mushers Arbeitsplatz

Bridle: Verbindungsstück (Seil/Kette) zwischen Schlitten und Zugleine

Bumper: halbrunde Stoßstange am Schlitten

Chill-Effekt: Auskühlungseffekt durch starken Wind

Chummet: spezielles Hundegeschirr zum Ziehen von Pulkaschlitten

Dogdriver: Hundeschlittenführer, Musher

Double-Lead: zwei führende Leithunde

Grönlandhund: kräftiger und sehr widerstandsfähiger Schlittenhund

Guide: Wildnisführer, Begleiter

Inuit: Ureinwohner Grönlands

Kennel: Hundefarm, großer Zwinger

Leader: Leithund eines Gespanns

Musher: Hundeschlittenführer

Neckline: Halsleine, Verbindung zwischen Halsband und Hauptzugleine

Pedalen: Abstoßen mit dem Fuß zur Entlastung der Hunde

Pulka: wannenförmiger Schlitten, wird von Hund oder Mensch gezogen

Same: Bewohner Lapplands

Samojede: einem Spitz ähnlicher, aus Sibirien stammender Hund

Siberian Husky: schneller Schlittenhund mit großer Intelligenz

Skooter: Motorschlitten, Schneemobil
Sled, Sledge: Schlitten
Stakeout: gespannte Kette zum Anbinden der Hunde
Teamdogs: mitten im Gespann laufende Hunde
Toboggan: Schlitten, der auf der Bodenfläche gleitet
Trail: Pfad für ein Hundegespann
Trailbreaking: Anlegen eines Pfades für das Gespann
Tugline: Zugleine, Verbindung zwischen Geschirr und Hauptzugleine
Wheeldogs: direkt vor dem Schlitten angeschirrte Hunde
Whiteout: Schneesturm, der zu Orientierungsschwierigkeiten führt

Literatur

▷ **Expedition Polarlicht**, Björn Klauer, Malik National Geographic, ISBN 978-3-89405-614-8
▷ **Huskies, Schnee und schnelle Kufen,** Dietrich Bender, Conrad Stein Verlag, ISBN 978-3-86686-342-2
▷ **Husky-Trail**, Dieter Kreutzkamp, Malik National Geographic, ISBN 978-3-49240-080-0
▷ **Nordische Hunde**, Doris Baumann, Ulmer Eugen Verlag, ISBN 978-3-80017-234-4

Adressen

▷ Arktis Reisen Schehle, D-87435 Kempten, 💻 www.arktis-tours.de
▷ AT-Reisen, D-04279 Leipzig, 💻 www.at-reisen.de
▷ Björn Klauer, Innset, N-9360 Bardu, 💻 www.huskyfarm.de
▷ Elch Adventure Tours, D-01159 Dresden, 💻 www.elchtours.de
▷ Finn Jann Huskyfarm, FIN-93420 Jurmu, 💻 www.finn-jann.com
▷ Geilo-Husky, N-3580 Geilo, 💻 www.geilo-husky.com
▷ Huskytrack, D-16556 Hohen Neudorf, 💻 www.huskytrack.de
▷ Kamisak Ky, FIN-99800 Ivalo, 💻 www.kamisak.com
▷ Kontiki-Saga-Reisen, CH-5400 Baden, Schweiz, 💻 www.kontiki.ch
▷ Nonni Travel, D-21272 Egestorf, 💻 www.PeterFabel.de
▷ NordNatur Reisen, D-57462 Olpe, 💻 www.nordicwinter.de

- ▷ Nordic Holidays GmbH, D-25337 Elmshorn, 💻 www.nordic-holidays.de
- ▷ Nordwind Reisen, D-87700 Memmingen, 💻 www.nordwindreisen.de
- ▷ Pioneer Erlebnisreisen, D-72070 Tübingen, 💻 www.pioneertours.de
- ▷ Rucksack-Reisen, D-48157 Münster, 💻 www.rucksack-reisen.de
- ▷ Stonecreek-Tours, D-15345 Prözel, 💻 www.stonecreek.de
- ▷ Terra Polaris A. Umbreit, D-99894 Leina, 💻 www.terrapolaris.com
- ▷ Trails Naturreisen, D-87435 Kempten, 💻 www.trails-reisen.de
- ▷ Waldschrat Adventure, D-94258 Frauenau, 💻 www.waldschrat-adventure.de
- ▷ Wikinger Reisen, D-58135 Hagen, 💻 www.wikinger.de

Index

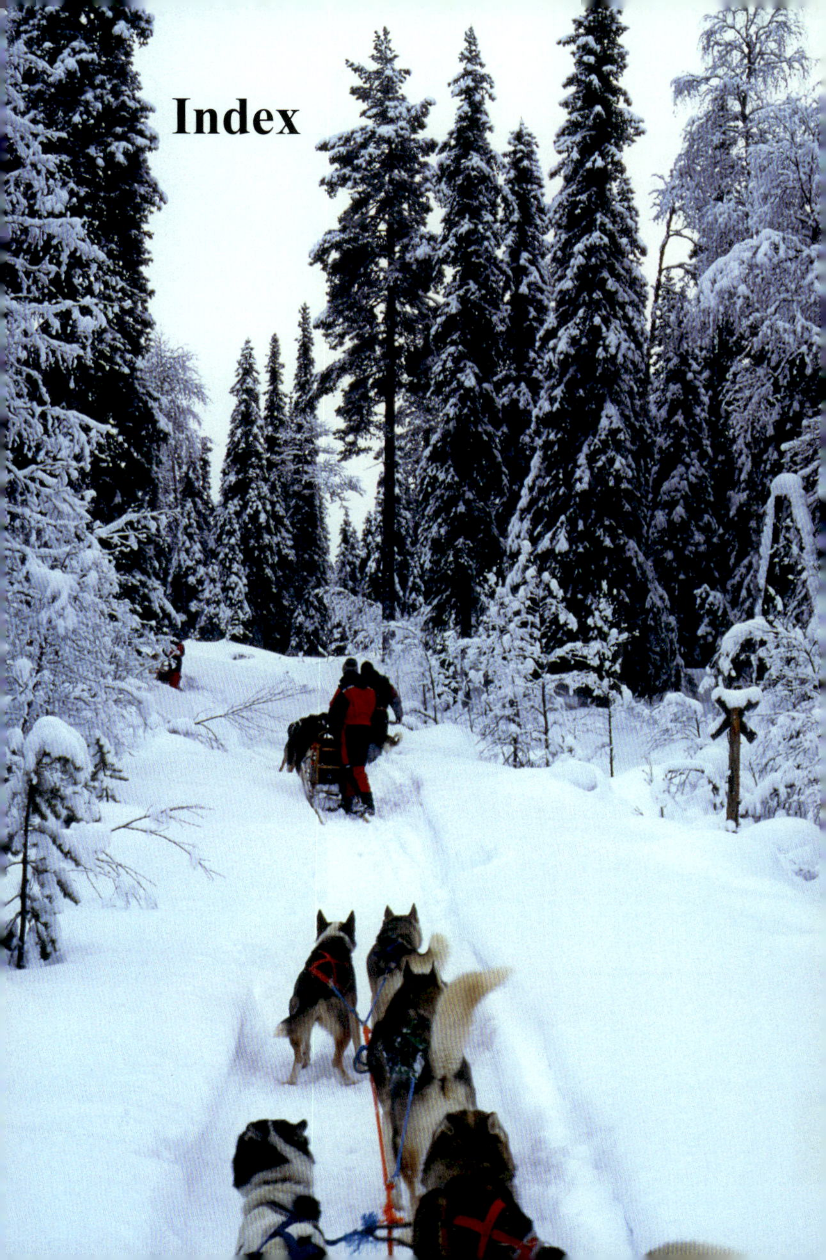